몰랑몰랑

몰랑몰랑

초판 1쇄 발행_ 2018년 2월 12일
초판 3쇄 발행_ 2018년 11월 20일

지은이_ 이장우
펴낸이_ 이성수
편집_ 황영선, 이경은, 이홍우, 이효주
디자인_ 진혜리
마케팅_ 최정환

펴낸곳_ 올림
주소_ 03186 서울시 종로구 새문안로 92 광화문오피시아 1810호
등록_ 2000년 3월 30일 제300-2000-192호(구:제20-183호)
전화_ 02-720-3131
팩스_ 02-6499-0898
이메일_ pom4u@naver.com
홈페이지_ http://cafe.naver.com/ollimbooks

값_ 13,000원
ISBN 979-11-6262-000-7 03320

이 도서의 국립중앙도서관 출판예정도서목록(CIP)은 서지정보유통지원시스템 홈페이지
(http://seoji.nl.go.kr)와 국가자료공동목록시스템(http://www.nl.go.kr/kolisnet)에서 이
용하실 수 있습니다.(CIP제어번호 : CIP2018002865)

몰랑몰랑

샘 솟 는 아 이 디 어 의 비 밀

아이디어닥터
이장우

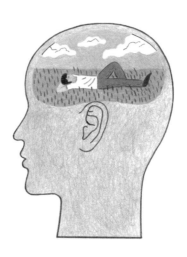

올림

왜 몰랑몰랑인가

아이디어 세상이다.

아이디어는 한때 발명가나 작가, 카피라이터, 예술가, 혁신가 등의 전유물처럼 인식되었다. 그러나 지금은 그렇지 않다. 누구에게나 아이디어가 필요하다. 당신이 어느 분야에 종사하든, 어떤 지위에 있든 아이디어는 당신의 성공과 실패를 좌우한다. 아이디어가 모든 성패의 시작과 끝이다. 세상을 뒤집어놓을 참신한 아이디어를 창안해낼 수 있다면 얼마나 좋을까?

나는 글로벌 기업 3M과 이메이션에서 경영자로 근무할 때부터 '아이디어닥터 이장우 박사'라는 개인브랜드로 활동하는 지금까지 늘 목마르게 아이디어를 찾아다녔다. 기업의 경영자로 있을 때는 아이디어를 얻기 위해 직원들에게 휴가와 여행을 권할 정도였고, 지금은 나 스스로 아이디어를 얻기 위해 수시로 국내외 아이디어 탐방을 떠난다. 물론 그렇게 한다고 해서 원하는 아이디어가 바로바로 떠오르는 것은 아니다. 성공은 노력을 배신하지 않는다고 하지만, 아이디어는 우리에게 호락호락 손을 내밀어주지 않는다. 마치 미꾸라지를 잡을 때처럼, 다 되었다고 생각했는데 어느새 빠져나가는 경우가 적지 않다. 떠오를 듯 말 듯 '밀당'을 한다.

그래서일까, 아이디어에 대해 갈증을 느끼는 사람이 많은 것 같다. 누구나 창의적이기를 바라지만 아이디어라는 미꾸라지가 쉽사리 손에 잡히지 않기에 더 간절히 원하게 되는 것이다. 그동안 아이디어닥터로 활동해오면서 사람들에게 가장 많이 받았던 질문도 '어떻게 하면 아이디어를 잘 만들어낼 수 있는가?'였다. 그때마다 내가 해준 답변은 대략 다음과 같다.

"아이디어는 지나치기 쉬운 아주 작은 단초에서 시작되는 것으로, 그것을 다른 것과 어떻게 연결할지에 대한 고민을 해야 한다. 아울러 아이디어는 혼자서 독창적으로 만들어낼 수도 있지만, 이미 존재하는 다른 사람의 아이디어를 큐레이션(curation)하는 것도 좋은 방법이다."

그런데 나의 이런 조언을 듣고 만족해하는 사람은 극히 드물었다. 뭔가 특별한 비결을 기대했는데 기대에 미치지 못한다는 반응이었다. 한편으로 안타까운 생각이 들었지만, 한편으로는 아이디어에 대한 사람들의 갈증과 현실적 어려움을 어떻게 해결해줄 수 있을지를 고민하기 시작했다. 아이디어의 탄생과 실현 과정을 좀 더 명확하게, 체계적으로 알려주기 위해 오랜 시간 탐색과 연구에 몰두했다. 이 책 《몰랑몰랑》은 그 결과물이다.

우리는 그동안 하나의 '정답'에 충실한 삶을 살아왔다. 사회가 요구하고 조직에서 필요로 하는 것에 초점을 맞추어 '열심히' 일하는 삶에 길들여졌다. '튀면 안 된다'는 생각으로 대세를 따르거나 침묵으로 일관해왔다. 지금도 사정은 크게 다르지 않다. 개인은 자신의 의사를 자유롭게 이야기하지 못하고, 새로운 시각은 과거의 기준에 따라 거부당하기 일쑤다. 모두가 딱딱한 조직문화 탓이다. 그런 조직문화에서 아이디어가 나올 리 만무하다. 아이디어는 부드러운 토양 위에서 솟아나는 새싹과 같은 것이다. 경직된 분위기, 굳어진 머리를 '몰랑몰랑'하게 바꾸어야 한다.

모든 아이디어는 몰랑몰랑에서 나오고 몰랑몰랑으로 구현된다. 창의적인 사람이 되고 싶다면, 창의적인 조직을 만들고 싶다면 머리부터 발끝까지, 위에서부터 아래까지 몰랑몰랑해져야 한다. 내가 평사원으로 직장생활을 시작하여 CEO가 될 수 있었던 것도, 아이디어닥터라는 개인브랜드로 인정을 받으며 다양한 영역에서 활발히 활동해올 수 있었던 것도 모두가 몰랑몰랑 덕분이었다.

　이 책이 아이디어에 목말라 있는 당신과 당신의 조직을 몰랑몰랑하게 바꾸는 촉매로 작용할 수 있기를 바란다. 자유롭게 생각을 주고받고, 다듬고, 깨고, 손보고, 만져가며 아이디어를 만들어내어 원하는 결과를 얻을 수 있었으면 좋겠다. 이를 통해 아이디어를 가진 사람이 세상을 움직이는 주인공이 된다는 사실을, 그러기 위해서는 나와 우리 모두가 몰랑몰랑해져야 한다는 교훈을 직접 확인할 수 있다면 더 바랄 것이 없겠다.

이장우

1부

그들은 어떻게
세상을 뒤집어놓았을까

몰랑몰랑한 사람·상품·조직의 10가지 특성

01
공룡을 쓰러뜨리다

—
해
답

우리는 그동안 정답을 찾는 데만 혈안이 되어 있었다. 학교 교육은 정답 맞추기의 과정이었고, 직장이나 사회에서도 모범답안에 따라 생활하는 것이 무언의 룰이었다. 정답에서 벗어나는 것은 낙오자가 되기를 자처하는 위험한 일이었다.

지금은 어떤가? 변화와 혁신이 시대의 화두로 떠오르고 참신한 아이디어의 중요성이 강조되면서 정답만을 강요하는 과거의 경직된 문화가 조금은 누그러들었지만, 본질은 크게 달라지지 않은 것 같다. 우리가 아직도 결과 중심의 문화에서 탈피하지 못했기 때문이다. 결과만 중시하다 보면 과정에 소홀하게 되고, 당면한 문제를 해결할 수 있는 첩경, 즉 정답에 집착하게 된다. 문제를 다각도로 파헤쳐 다양한 방안들을 모색하는 과정에서 창의력이 생기고 아이디어가 나오는 법인데, 결과 위주의 교육과 경영에 치중하다 보니 오로지 쉽고 빠른 정답만을 요구하게 된 것이다. 심지어 창의력과 혁신마저도 과정이 아닌 결과로 간주하여 어느 정도 교육하고 훈련하면 원하는 바를 얻을 수 있다고 생각한다. 그렇게 교육하고 훈련했으면 뭔가 나와야 되지 않느냐며 다그치기 일쑤이고, 하루빨리 폭발적 혁신을 이룰 수 있는 아이디어를 내놓으라고 압박한다. 투자 대비 결과만 따지기 때문이다. 하지만 그런 식으로는 아무것도 이룰 수 없다. 정답도, 창조적 아이디어도 얻을 수 없다.

아이디어를 '머릿속에서 일어나는 마법의 결과'로 생각하는 사람이 많다. 어느 순간 우연히 만들어지는 것이라고 오해하는 것이다. 아이디어가 나오기까지 일련의 과정을 싹 무시한 채 아이디어란 하늘에서 뚝 떨어지는 것이라고 여기기 때문이다. 그래서 아이디어가 많은 사람은 타고난다고 말하곤 한다. 아이디어를 내기 위해 얼마나 노력을 했는지, 얼마나 숱한 시행착오를 겪으며 인고의 시간을 보냈는지는 전혀 생각지 않는다.

정답이냐, 해답이냐

우리 인생은 수많은 변수로 가득하다. 기업 경영도 다를 바 없다. 수학에서처럼 정해진 공식이나 하나의 정답이란 존재하지 않는다. 수학은 공식을 외우고 문제를 많이 풀어보면 원하는 점수를 얻을 수 있지만, 인생과 경영은 그렇지 않다. 노력이 중요하지만 노력한다고 해서 다 되는 것이 아니다. 똑같은 목표를 정하고 똑같이 노력했음에도 불구하고 누구는 목표를 성취하고 누구는 실패하는 것만 봐도 알 수 있다. 삶과 일에는 정답이 없고 사람이라는 변수가 늘 작용하기 때문이다.

나의 전문 분야인 브랜드 마케팅에서도 사람이라는 변수가 늘 애를 먹인다. 전략을 수립하고 실행하는 것도 사람이고, 브랜드를 구입하는 소비자들도 사람이라 무엇 하나 확실한 것이 없다. 분명 시장조사를 통해 소비자들이 원하는 제품이라고 생각하고 출시했는데 시장에서 완벽히 외면당하기도 하고, 국민적 인기를 끄는 광고 모델을 내세웠다가 예기치 못한 모델의 문제로 브랜드 이미지에 치명타를 입기도 한다. 물론 그 반대의 경우도 있다. 정답이 보이지 않는다. 그렇다면 우리는 무엇을 해야 할까? 정답이 아닌 해답을 찾아야 한다.

몰랑몰랑한 사람은 정답을 찾기보다 다양한 시각으로 문제를 관찰하고 거기서 무언가를 발견하려고 노력한다. 그 과정에서 복수의 해답이 나온다는 사실을 아는 것이다. 문제에 대한 해답은 보는 각도에 따라 달라질 수 있다. 다양한 시각에서 다양한 해답이 나온다. 널리 알려진 유머가 있다. '코끼리를 냉장고에 넣는 방법'에 대한 각기 다른 해법이다. 심리학 전공자는 코끼리에게 "너는 냉장고에 들어갈 수 있다"고 최면을 걸어 냉장고에 넣고, 식품공학 전공자는 코끼리를 도축해서 통조림으로 만든 다음 냉장고에 넣고, 기계공학 전공자는 코끼리보다 큰 냉장고를 개발하여 냉장고에 넣는다는 식이다. 유머이긴 하지만, 전문가에 따라 문제를 보는 시각과 해법이 서로 다를 수 있다는 사실을 보여준다. 이렇듯 어떻게 보느냐에 따라 문제의 해답이 각기 달라질 수 있다.

사람들이 궁금해하는 성공 비법 역시 사람마다 다르다. 같은 방법으로 같은 성공을 거둔 사람은 하나도 없다. 성공은 지극히 개인적인 것으로, 성공한 사람들은 저마다 자신만의 고유한 방법을 가지고 있었다. 세상에 공개된 성공 법칙은 그러한 특수성을 일반화한 결과일 뿐이다. 앞으로도 그럴 것이다. 따라서 우리는 모두의 정답이 아닌, 자신만의 해법을 찾아야 한다. 성공한 사람들의 방식과 습관을 무조건적으로 신뢰하고 추종해서는 안 된다.

우리가 찾아야 하는 해법에는 돌발 상황에 대처할 수 있는 플랜 B도 포함된다. 오늘날처럼 한 치 앞을 내다볼 수 없는 시대에는 언제 어디서 무슨 일이 벌어질지 알 수 없다. 문제에 대한 다양한 해법을 찾는 동시에 각종 변수에 대비하는 플랜 B를 마련해두어야 리스크를 예방할 수 있다. 그런데 이와 같은 대처 능력도 사고가 굳어져 있을 때는 절대 갖출 수 없다. 몰랑몰랑해져야 한다. 딱딱한 돌덩이가 아니라 몰랑몰랑한 젤리의 상태로 있어야 한다. 그래야 미처 채우지 못한 빈틈을 메울 수 있다. 필요에 따라 모양을 변화시킬 수 있는 젤리

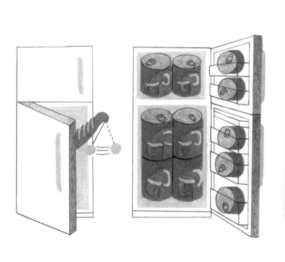

가 되어야 빈틈이 더 커지기 전에 유효적절하게 대처할 수 있다. 딱딱한 돌덩이로는 불가능하다.

골칫거리 '공중전화 박스'의 변신

다양한 해답을 구하는 과정에서 창의적 아이디어를 도출해낸 사례가 있다. 바로 영국의 공중전화 박스다. 눈에 잘 띄는 빨간색의 이 공중전화 박스는 영국의 풍경을 상징적으로 보여주는 아이콘 중 하나였다. 건축가 길버트 스콧(Sir Giles Gilbert Scott)이 디자인한 것으로, 100년 가까운 역사를 자랑하며 영국의 도시 곳곳을 장식해왔다. 하지만 휴대폰이 등장하고 스마트폰이 대세를 이루면서 무용지물의 신세로 전락하게 되었다. 우리나라에서도 공중전화는 사용하는 사람이 거의 없다 보니 점점 퇴물이 되어 길거리에서 찾아보기도 어려워졌을뿐더러, 그나마 남아 있는 것들도 사람의 손길이 닿지 않아 흉물스럽게 변해가고 있다. 한때는 없어서는 안 되는 통신수단이었지만, 지금은 방치되어 처리를 고민해야 하는 문젯거리가 되었다. 특히 영국에서는 오랜 기간 나라를 상징하는 아이콘으로 자리했던 빨간 공중전화 박스를 그대로 두어야 할지 철거해야 할지 고민이 많았다. 이때 기발한 아이디어를 제안한 두 학생이 있었다.

런던정치경제대 학생인 해럴드 크라스턴(Harold Craston)과 커스티 케니(Kirsty Kenney)는 학교를 오가는 길에 방치되어 있는 공중전화 박스가 런던 시내에 8,000여 개나 된다는 사실을 접하고 그것을 활용할 방법이 없을지 궁리하게 되었다. 아이디어를 공모했다면 아마도 대부분 철거를 정답으로 내놓았을 것이다. 하지만 두 학생은 이 문제를 조금 다르게 바라보았다. 스마트폰의 보급으로 공중전화가 더 이상 필요하지 않게 되었다면 다르게 활용할 수 있는 방법은 무엇일까? 공중전화의 본래 기능은 통신수단이다. 그런데 지금은 스마트폰으로 대체되었다. 그렇다면 공중전화 박스에서 스마트폰으로 무엇을 할 수 있을까? 생각이 거기까지 미친 그들은 마침내 공중전화 박스를 솔라박스(Solar Box)로 만드는 아이디어를 떠올리게 되었다. 태양광패널을 설치하여 스마트폰은 물론 태블릿 PC와 카메라 등을 충전할 수 있는 곳으로 바꾸면 되는 것이었다. 태양광을 이용하므로 다른 에너지를 소비하지 않아도 되고, 사람들은 필요할 때마다 언제든 공짜로 전자기기를 충전할 수 있다.

두 학생은 이 아이디어로 2014년 '런던정치경제대 올해의 신진 기업가상'을 수상하고, '런던시 올해의 저탄소기업가상'에서 준우승을 차지했다고 한다. 그리고 빨간색 공중전화박스는 2014년 10월 1일부터 런던의 토트넘 로드역을 시작으로 새로운 모습으로 태어나기 시작했다. 빨간색은 초록색으로 바뀌었는데, 기능이 달라진 점과 함께 태양광이라는 친환경 자원을 활용한다는 의미를 반영한 것이라고 한다. 정답이 아닌 해법을 모색하는 몰랑몰랑한 사고의 모범을 보여주는 예라 하겠다.

'혁신 기업 1위'를 만든 해답

남들이 가지 않은 길을 가보는 것도 해법을 찾는 하나의 방법이 될수 있다. 스스로 나침반이 되어 자신감과 용기를 가지고 미지의 세계로 걸어 들어가는 것이다. 안경산업에서 새로운 도전을 통해 혁신적 성공을 거둔 회사가 있다. 미국 뉴욕에서 창업한 와비파커(Warby Parker)라는 안경판매업체다.

와비파커가 등장할 당시 안경업계에는 거대 공룡이 버티고 있었다. 이탈리아 명품 안경업체인 룩소티카(Luxottica)가 시장의 80% 이상을 장악하고 있었다. 누구라도 시장 진출을 꺼릴 만한 상황이었다. 설사 남은 20% 시장을 흡수한다 해도 한 기업이 독점하다시피 하고 있는 상황에서 큰 수익을 기대하기는 어렵기 때문이다. 게다가 성공하리라는 보장도 없었다. 그런데도 도전한 청년들이 있었다. 함께 창업을 준비하던 네 명의 젊은이들은 안경 가격이 지나치게 비싸다는 문제점에 주목했다. 가격을 낮추어 시장에 진입하는 방안을 고민하던 그들은 오프라인 중심의 유통 경로를 바꾸어 온라인으로 안경을 판매하는 아이디어를 생각해냈다. 주변에서는 반대하는 사람이 많았다. 시력을 측정하고 직접 써봐야 하는 안경을 온라인으로 파는 게 과연 통하겠느냐는 것이었다. 하지만 그들은 과감히 실행에 옮겼다. 가격을 낮추고 고객에게 선택권을 부여하면 성공할 수 있다는 계산이었다.

와비파커는 다른 업체에서 500달러에 팔 만한 안경을 95달러에 팔았다. 방식은 온라인으로 고객이 원하는 안경을 5개까지 신청하면 택배로 보내 체험 기간을 준 다음 고객이 마음에 드는 하나를 고르게 한 다음 다른 샘플 안경과 함께 되돌려 받고 고객이 알려준 정보에 맞추어 제작된 안경을 다시 보내주는 것이었다. 이때 택배비는 모두 회사가 부담한다.

이처럼 파격적인 온라인 판매로 안경업계에 바람을 일으킨 와비파커는 연간 100만 개의 안경을 파는 회사로 급성장하게 되었고, 2016년 미국 경영전문지 〈패스트컴퍼니〉가 선정한 혁신 기업에서 구글, 애플 등을 제치고 1위에 오르며 "수백 년간 변화가 없던 안경 판매 시장을 바꿔놓았다"는 평가를 받았다.

안경은 온라인으로 판매하기 어렵다는 생각은 기존의 것을 당연시하는 정답적 사고다. 오프라인 판매만이 정답이고, 다른 방법은 틀렸다고 생각하는 것이다. 하지만 와비파커의 예가 알려주듯이 시장에 정답이란 없다. 실행해보지 않으면 알 수 없는 다양한 해법이 존재한다. 와비파커는 그러한 해법을 찾아 실행에 옮김으로써 아무도 예상하지 못한 성공의 주인공이 될 수 있었다. 몰랑몰랑한 청년들에게 내려진 선물이다.

02
은행은 금융업이 아니다

양
손
잡
이

어린 시절 왼손잡이는 돌연변이이고, 고쳐야 하는 것이라 배웠다. 반면 오른손잡이는 바른손잡이라고 일컬었다. 오른손잡이를 기준으로 이와 다른 것은 이상한 것, 해서는 안 되는 것이라 여긴 것이다. 집에서도 학교에서도 연필을 오른손으로 잡도록 교육하고 습관을 만들어주려고 했다. 지금 보면 웃길 수도 있고, 아동 학대라고 할지도 모르지만 그때는 그것이 당연한 일이었다. 그러다 보니 필기할 때는 오른손으로 하고 가위질을 하거나 밥을 먹을 때는 왼손을 쓰는 친구가 더러 있었다. 그러다가 두 손을 자유자재로 사용할 수 있게 되기도 했다. 반면에 오른손을 사용하는 친구들 중에는 양손을 사용할 줄 아는 경우가 거의 없었다. 굳이 왼손을 쓸 필요가 없었기 때문이다.

비록 타의에 의한 것이긴 했지만, 양손을 자유롭게 사용할 수 있게 된 친구를 보면 부러운 게 있었다. 특히 점심시간에 그랬다. 나는 한 손으로 밥을 먹는데 그 친구는 한 손으로는 밥을, 다른 한 손으로는 반찬을 먹고 있었다. 당연히 시간이 단축되었다. 짧기만한 점심시간, 빨리 밥을 먹고 나가서 놀고 싶은 내게는 양손을 다 사용하는 친구가 그렇게 부러울 수 없었다.

몰랑몰랑은 점심시간의 양손잡이라고 할 수 있다. 양손을 사용하는 친구가 빠르게 밥을 먹고 쉬는 시간을 즐기듯이, 몰랑몰랑은 우리가 주어진 업무를 좀 더 빠르게 마무리하고 여가를 즐길 수 있게 해준다.

파산 위기에 몰린 기업을 살린 '양손잡이' 처방

또한 몰랑몰랑은 양극의 공존이라는 면에서 양손잡이와 닮아 있다. 양극의 공존은 조화와 융복합의 모습으로 나타난다. 사람은 저마다 다양한 모습을 지니고 있고 각기 다른 생활습관이 있다. 하나로 묶어 규정하거나 설명하기가 어렵다. 이때 필요한 것이 다양성의 인정과 양극의 공존이다. 그렇지 않으면 독재와 독단, 획일화로 흐르기 쉽다. 균형이 중요하다. 마찬가지로 긴장된 삶의 연속이나 해이한 삶의 연장도 좋지 않다.

몰랑몰랑은 긴장의 연속 상태에서는 좀처럼 발현되지 않는다. 긴장감은 어떤 위험이나 위협 상황에 처했을 때 생기는데, 이때 우리는 생존을 위해 자신도 모르는 사이에 엄청난 에너지를 쏟아내게 된다. 적절한 긴장감은 업무의 생산성을 높여준다고 말하는 것도 이 때문이다. 하지만 긴장 상태가 오래 지속되면 긍정적인 부분을 받아들이지 못하고 부정적으로만 바라보는 부작용을 낳는다. 맡은 일을 제대로 해내지 못하면 자신의 자리가 없어질지 모른다는 생각으로 매사에 긴장하느라 주변의 도움조차 받지 못하는 경우처럼 말이다. 삶에는 틈이 있어야 한다. 그렇다고 틈이 너무 많아서도 안 된다. 틈이 많으면 해이해지고 물렁해지기 쉽다. 몰랑몰랑과는 거리가 먼, 아무것도 이룰 수 없는 상태가 된다. 긴장감과 해이함 사이에서 여유로움을 찾아야 한다. 물론 그 영역은 모호할 수 있다. 분명한 기준은 '공존을 위한 균형'이다. 그럴 때 몰랑몰랑해질 수 있다. 적당한 긴장감과 여유로움을 가지고 있을 때 다른 사람의 조언도 들을 수 있고 도움도 받을 수 있다. 동일한 원리로 이성과 감성, 남성과 여성의 서로 다른 측면을 동시에 이해하고 수용할 수 있어야 한다. 그래야 공존할 수 있고, 그 속에서 새로움을 발견할 수 있다.

우리의 뇌도 마찬가지다. 좌뇌와 우뇌는 따로 떨어져 있지 않고 서로 연결되어 정보를 주고받는다. 이성의 좌뇌와 감성의 우뇌가 각각의 역할을 분담하면서도 상호작용하여 정보 처리를 빠르고 효과적으로 수행한다. 한쪽이 활성화될 때 다른 한쪽이 활성화되는 좌뇌와 우뇌처럼 양면성을 가지고 움직일 때 최선의 결론을 도출할 수 있다. 이것이 바로 몰랑몰랑의 힘이다.

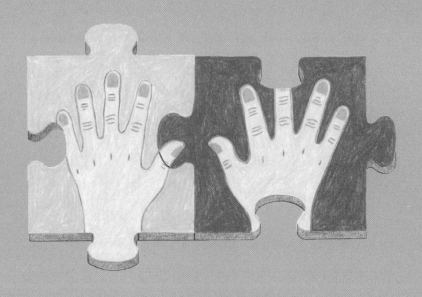

과거에는 많은 기업이 매킨지(McKinsey) 사고방식으로 대변되는 로지컬 씽킹(logical thinking), 즉 좌뇌 편향의 이성적 사고를 지향했다. 그것은 시대적 필요이기도 했고, 경영에서 중요한 사고이기도 하다. 하지만 창의력이 넘치는 기업으로 올라서려면 로지컬 씽킹과 함께 자유롭게 사고하는 디자인 씽킹(design thinking)에도 주목해야 한다. 스티브 잡스(Steve Jobs)는 디자이너가 아님에도 불구하고 누구보다 앞장서서 디자인 씽킹을 실천했던 사람이다. 논리적인 사고만으로는 몰랑몰랑해질 수 없다는 것을 알았기 때문이다.

창의력을 깨우고 아이디어가 폭발하는 기업이 되려면 대척점에 서 있는 양극이 공존과 조화를 이루어야 한다. 이와 관련한 좋은 사례가 있다. 바로 미국 오리건주의 지역은행 엄프콰은행(Umpqua Bank)이다.

금융은 다른 어떤 분야보다 논리적인 비즈니스라는 이미지가 강하다. 브랜드 마케팅에서도 고객들에게 믿음과 신뢰를 전달하기 위한 논리가 중요하다. 그런데 엄프콰은행은 금융의 논리를 뛰어넘어 창의적인 브랜드로 자리 잡았다.

벌목사업을 중심으로 호황을 누리던 엄프콰은행은 1990년대 들어 거래업체들의 쇠락으로 파산 위기에 몰렸다. 그때 CEO로 부임한 레이 데이비스(Ray Davis)는 다른 은행들과 어떻게 차별화할 것인가를 고민하다가, 은행을 금융업이 아닌 서비스를 제공하는 소매업으로 정의하며 발상의 전환을 시도했다. 고객들에게 새로운 경험을 제공하는 공간으로 만들겠다는 몰랑몰랑한 아이디어였다. 그는 은행의 인테리어를 새롭게 바꾸는 한편, 지역 주민들을 위한 다양한 문화 이벤트를 실시했다. 엄프콰은행의 가치와 특징을 직접 체험할 수 있는 공간 디자인과 활동들을 통해 색다른 경험을 연출한 것이다. 이후 엄프콰은행은 심각한 위기에서 기적처럼 되살아났고, 전보다 총자산 규모가 더 커지게 되었다. 금융업 고유의 로지컬 씽킹에 갇혀 있지 않고 고객들에게 다양한 서비스 경험을 제공한다는 디자인 씽킹을 실천하여 이룬 성공이었다.

몰랑몰랑을 위해서는 두 마리 토끼를 다 볼 수 있어야 한다. 예전처럼 한 마리만 보고 쫓아서는 극단으로 치달을 수밖에 없고 도그마에 빠질 수밖에 없다. 편향되지 말고 둘 다를 볼 수 있어야 공존의 가능성을 찾을 수 있고, 실제로 공존하게 할 수 있으며, 양자의 시너지를 통해 상승효과를 얻을 수 있다. 같은 노력을 들이고도 기대 이상의 더 큰 결과를 가져올 수 있다.

넓고 깊게 보는 시각을 가지려면

여기서 어느 하나에 매몰되거나 한쪽에 편향되지 않고 양쪽을 동시에 보면서 균형과 조화를 추구할 수 있는 손쉬운 방법을 소개한다.

내가 사용하는 속독법이다.

속독법은 점심시간의 양손잡이처럼 취할 건 취하면서 속도를 높여 시간을 확보할 수 있는 효과적인 독서법이다. 집중과 여유로움이라는 양면성에서 찾은 최적의 해답이다. 책을 읽는 눈과 내용을 기억하는 머리를 한꺼번에 사용하여 시간을 줄일 수 있다. 하지만 내가 사용하는 방법은 일반적으로 알려진 속독법과는 다르다. 대각선으로 읽기, 주제 문장 읽기, 조사를 제외한 주어와 서술어 읽기 등의 방법은 익히는 데 어렵고 많은 시간을 필요로 한다. 기억하는 데도 한계가 있다. 기술적 속독에 따른 양적 습득이지 질적은 습득은 아니기 때문이다. 나의 속독법은 어릴 적 선생님이 가르쳐주신 방법으로, 가볍게 기억할 것은 가볍게 읽고 깊게 기억할 것은 깊게 읽는 것이다. 간단하지만 그 효과는 간단하지 않다.

먼저, '제목만 보기'다. 제목만 보고 대강의 내용을 파악한다. 나는 잡지들을 이런 식으로 읽는다. 구독하고 있는 잡지가 10여 권이 넘는데, 정독법으로 읽는다면 며칠을 들여도 모자랄 것이다. 잡지 속 기사의 제목을 보고 더 읽을지 말지를 판단한다. 더 읽고 싶게끔 제목에서 궁금증을 유발하고 내용이 유익하다면 좋은 잡지라고 할 수 있다. 다른 책들도 대동소이하다.

다음으로, '내용만 간단히 보기'다. 제목이 호기심을 자극하거나 새로운 정보라는 느낌을 주면 가볍게 읽어 내려간다. 최근에 관심을 갖게 되었거나 나의 전공 분야와 관련된 내용일 경우에는 특히 그렇다.

마지막으로, '자세히 읽기'다. 책이나 잡지의 내용이 내가 진행하는 프로젝트와 관련이 있을 때는 정독한다. 가볍게 읽을 수도 없고 그래서는 안 되는 부분이다. 내용을 자세히 읽으면서 밑줄도 치고 낙서도 하고 인용한 자료도 찾아본다. 꼭 필요한 내용은 따로 메모해두거나 찢어서 스크랩한다.

이와 같은 속독법은 책을 넓고 깊게 읽을 수 있는 나만의 노하우다. 그만큼 사고도 넓어지고 깊어지는 것을 체감한다.

03
예술은 눈물이어라

| 감
성
쟁
이

우리는 누구나 똑같이 하루 24시간을 산다. 그중에서 몰랑몰랑해지는 시간은 언제일까? 생각이 유연해지면서 아이디어가 솟아오르는 순간이 있을까? 딱히 언제라고 말하기 어려울 것이다. 분명한 점은 시간과 공간의 제한을 받으면 갯벌의 게가 꼭꼭 숨어버리듯 아이디어가 쏙 들어간다는 것이다. 환경과 조건, 노력 여하에 따라 우리는 언제든 몰랑해질 수도 있고 그렇지 않을 수도 있다. 가장 중요한 것은 감각을 새롭게 하는 것이다.

보이지 않는 것을 보는 사람의 스타일

우리는 눈에 보이는 대로 지각하고 판단한다. 글자와 그림, 건물의 형태, 음식의 색깔 등 보이는 것에 의지하여 사고한다. 하지만 눈에 보이는 것만이 다가 아니다. 보이지 않는 것까지 볼 수 있어야 한다. 보이는 것에만 의지한다면 사고가 단편적이고 불완전해질 수밖에 없다. 시각의 한계 때문이다. 이를 극복하는 방법은 모든 감각을 동원하여 대상을 파악하는 것이다. 오감은 물론 육감과 그 이상의 감각을 발휘할 수 있어야 한다. 또한 감각하는 방식을 달리할 줄도 알아야 한다. 매번 같은 방식으로 감각하면 지나치거나 놓치는 것들이 많기 때문이다. 한마디로 감각적인 감성쟁이가 되어야 한다. 그래야 몰랑몰랑해질 수 있고, 보이지 않는 것을 볼 수 있다.

태국의 수도 방콕으로 아이디어 탐방을 떠났을 때였다. 간단히 점심을 먹기 위해 시암 파라곤에 위치한 맥도날드에서 햄버거를 주문하고 기다리고 있었다. 그때 눈에 확 들어오는 것이 있었다. 주문이 완료된 식품이 만들어지는 과정을 알려주는 전광판이었다. 주문번호와 함께 나란히 뜨는 일러스트가 인상적이었다.

한국에 돌아와서도 그 일러스트는 계속해서 머릿속을 맴돌았다. 왜 그랬을까? 평소 일러스트에 관심이 많아서이기도 하겠지만, 주문 번호에만 시선을 두지 않고 다른 것을 살피는 과정에서 새로운 무언가를 발견했기 때문이다. 나는 항상 새로움을 찾아 나서고 이전에 보지 못한 어떤 것을 발견하면 큰 자극과 영감을 얻는다. 그래서 하나라도 그냥 지나치는 법이 없도록 최대한 천천히 많이 보고 들으려 한다. 모르는 것이 있으면 그 자리에서 물어본다. 열린 감각을 유지하기 위해 이모저모 살피고, 만져보고, 먹어보고, 냄새를 맡고, 귀를 기울인다. 감상에 젖거나 생각에 잠길 때도 있다.

내가 서점을 좋아하는 이유도 사실은 감각을 키우기 위해서다. 서점은 다양한 지식과 문화를 한꺼번에 접할 수 있는 장소다. 특히 해당 지역이나 국가의 면면을 총체적으로 이해하는 데 서점만 한 곳이 없다. 그래서 아이디어 탐방을 떠나면 아무리 일정이 빡빡해도 서점 서너 군데는 꼭 들른다. 거기서 많은 것을 얻을 수 있어서다. 같은 주제의 책이라 하더라도 저자가 다루는 관점이나 방식은 나라마다 사뭇 다르다. 우리나라에 번역 소개되는 책들도 있지만, 대부분은 우리 입맛에 맞게 선택된 것들이라 그 나라 고유의 전통이나 문화적 취향을 알기에는 부족하다. 서점에 들어가 책들을 살펴보노라면 자연스럽게 사람들의 관심사가 눈에 들어오고, 독특하고 이색적인 사고를 읽게 된다. 내용이나 형식 면에서 기발하거나 나의 관심 분야와 관련

된 책은 바로 구입한다. 그렇게 해서 구한 책들은 나의 시각을 넓혀 주고 감각을 새롭게 해주는 자양분이 된다.

　서점에 가면 책만 보지 않는다. 직원과 몇 마디라도 대화를 시도한다. 아무나 붙잡고 그러는 것이 아니라 말을 걸었을 때 친절하게 응대해줄 것 같은 직원, 대화를 나눌 정도의 여유가 있어 보이는 직원에게 다가간다. 대화의 시작은 질문이다. 새로 나온 책이나 잘 팔리는 책에 대해 질문하고, 책을 진열하는 방식에 대해 질문하기도 한다. 그래서 간혹 작은 책방의 주인으로 오해를 받기도 한다. 그렇지 않고서야 찾는 책이 어디에 있는지를 묻는 정도의 여느 고객들과 달리 이것저것 꼬치꼬치 물어볼 리가 없기 때문이다. 대화를 나눈 후에는 고마움의 표시로 작은 선물을 건넨다. 국내 서점에서는 내가 쓴 책을 그 자리에서 사가지고 선물하기도 한다. 때로는 거꾸로 책 선물을 받기도 한다. 자주 가는 서점에서 직원이 먼저 알아보고 보관해둔 책을 내게 선물로 주기도 한다. 책을 많이 구입하는 고객을 관리하는 차원에서 선물하는 것일 수도 있겠지만, 대화를 통해 공감대를 형성한 좋은 인연이라는 생각에 기쁜 마음으로 받는다.

　대화는 서로의 이야기를 듣고 그 속에서 무언가를 찾아내어 소통하는 과정이다. 따라서 대화를 많이 하면 새로운 것을 발견할 확률이 높아질뿐더러 소통하면서 공감 능력도 키울 수 있다. 공감은 감정을 이입하여 상대방의 입장에서 느끼는 것이다. 즉, 대화를 통해 공감하게 되면 상대방을 더 잘 이해할 수 있다. 감성의 소통으로 관계가 돈독해지고 보이지 않는 것도 보게 된다. 내가 서점에서 직원들과 이야기를 나누며 묻고 또 묻는 것도 이런 이유에서다.

서점은 내게 아주 고마운 공간이다. 책들을 통해 사고와 감각을 키우고, 직원들과의 대화를 통해 공감할 수 있기 때문이다. 서점에 가면 나 스스로 몰랑몰랑해짐을 느낀다. 감각적인 감성쟁이가 되어감을 실감한다.

감성쟁이의 일상생활

몰랑몰랑은 감각적인 감성쟁이가 되는 것이다. 감각적인 감성쟁이는 말하기보다 듣기에 집중한다. 사람들은 대부분 자신의 생각과 같거나 비슷한 이야기에는 귀를 쫑긋 세우면서도 그렇지 않을 때는 부정하고 외면한다. 듣는 둥 마는 둥 하면서 자신이 하고 싶은 말에만 신경을 쓴다. 소통이 어려울 수밖에 없고, 그러면서 사고는 점점 더 굳어져 꽉 막힌 사람이 된다. 감각은 떨어지고 감성은 메마른다. 그에 비해 감각적인 감성쟁이는 생각이 다른 사람의 이야기라도 허투루 듣지 않는다. 오히려 호기심을 보이며 하나라도 흘려듣지 않으려고 노력한다. 궁금한 점이 있으면 적절한 타이밍에 질문을 던진다. 상대방의 이야기와 메시지를 명확히 파악하는 것은 물론, 그 안에서 새로움을 발견할 수 있기 때문이다.

또한 감각적 감성쟁이는 같은 것에서도 다른 것을 보고 느끼고 상상할 줄 안다. 한 면만 보지 않고 다른 면들까지 아울러 살피고 생각한다. 서점에 가면 즐겨 하는 나만의 놀이가 있다. 그중 하나는 진열되어 있는 책들의 제목을 천천히 훑어보는 것이다. 하나의 뿌리에서 나왔지만 제각기 뻗어 있는 나뭇가지들처럼, 같은 분야이면서도 각각의 책 제목은 각양각색이다. 나뭇가지를 만지듯 제목을 하나하나 살피다 보면 그 분야에 대해 조금은 감이 잡힌다. 그리고 나만의 상상을 즐긴다. 당면한 이슈는 무엇일까, 현재의 흐름에 비추어 다음에는 어떻게 될까 등등을 자유롭게 유추해본다. 그러다 보면 머리가 몰랑몰랑해진 것 같은 느낌이 든다. 디자인을 보는 재미도 쏠쏠하다. 제목과 카피, 한두 가지 이미지만으로 그렇게 많은 디자인이 나올 수 있다는 게 신기할 때도 있다. 강한 이미지가 눈길을 끄는 책도 있고, 캘리그래피로 제목을 멋지게 표현한 책도 있다. 저마다 멋을 낸 책들이 자신의 손을 잡아달라고 소리 내어 부르는 것 같은 느낌에 사로잡히기도 한다. 이 또한 빼놓을 수 없는 즐거움이다. 위대한 예술작품을 보고, 미술관에 가고, 패션쇼를 관람해야만 감각이 살아나고 감성이 풍부해지는 것은 아니다. 패션쇼에서만이 아니라 공항에서도 패션을 읽는다고 하는 디자이너처럼, 일상의 공간에서도 다르게 보고 느끼면 새로운 감각과 감성을 일깨울 수 있다.

자기만의 개성을 표현하는 것도 감각적 감성쟁이가 될 수 있는 방법 중 하나다. 본의 아니게 스포트라이트를 받은 적이 있다. 보타이 때문이었다. 젊은 예술인들이 주로 모인 파티에 초대받아 참석했는데, 참석자들이 콤비슈트 차림에 빨간 보타이를 맨 나를 보고는 신기해하면서 여기저기서 사진을 찍자고 요청하는 것이 아닌가. 그 후로 콤비슈트에 빨간 보타이는 내가 즐기는 패션 아이템이 되었다.

사람들이 내게 호기심을 보인 이유는 수려한 외모나 고가의 장식 때문이 아니다. 뭔가 달라 보였기 때문이다. 여자들에 비해 외모를 꾸미거나 스타일을 만들어낼 아이템이 많지 않은 남자들은 주로 시계와 구두에 관심을 기울인다. 이와 달리 나는 안경과 넥타이를 중시하는 편이다. 아내와 쇼핑을 할 때도 안경과 넥타이만은 내가 직접 고르고 구입한다. 기준은 디자인과 스타일이다. 독특한 제품을 보면 거의 사기 때문에 아내의 타박을 받을 때도 더러 있지만, 나만의 개성을 표현할 수 있는 아이템에 대한 욕심은 고칠 수 없는 습관이다.

그림 없는 그림책

몰랑몰랑은 감성이 생명이다. 늦가을 바람에 떨어지는 낙엽에 눈물짓는 감성을 말하는 것이 아니다. 풍부한 경험을 통해 다양하게 감각하고, 열린 마음으로 교감하고 공감할 때 얻어지는 것이 감성이다.

감성이 충만한 사람은 같은 사물이나 현상을 보고도 다른 반응을 보인다. 일상적인 것에서 특별한 요소를 찾아내고, 생각이 다른 사람에게서 새로움을 발견하고, 눈에 보이는 것에서 보이지 않는 무언가를 이끌어낸다. 세상을 놀라게 하는 창조적 아이디어들은 모두가 그렇게 탄생했다.

이색적인 경매로 세계적인 화제가 된 브랜드가 있다. 스웨덴의 유리공예품 전문 브랜드인 코스타 보다(Kosta Boda)이다. 경매는 하나의 매물에 2명 이상이 모여 값을 더 많이 부르는 사람이 매물을 가져가게 하는 제도로, 소유권을 정하는 기준은 돈이다. 그런데 코스다 보다는 돈이 없는 경매를 실시하여 세상의 주목을 끌었다. 방법은 간단했다. 3개의 작품을 별도의 방에 전시해놓고 참가자들에게 개별 관람하게 한 다음 심장박동 수를 측정하여 가장 많은 박동 수를 기록한 사람에게 작품을 낙찰하는 것이다. 결과는 어땠을까? 경매에 참가한 대부분의 사람들이 작품을 보고 심장박동 수에 변화를 일으켰는데, 최종 낙찰자는 눈물까지 흘리며 감동하여 심장박동 수치가 최고인 사람이었다고 한다. 코스타 보다는 이와 같은 경매를 진행한 이유에 대해 예술작품은 논리적 해석이나 물질적 계산이 아니라 얼마나 감동을 줄 수 있는가에 따라 평가되어야 한다는 메시지를 전하기 위해서였다고 설명했다.

그림이 없는 어린이 책을 내놓은 인물도 있다. 미국의 하버드대에서 영문학과 스페인문학을 공부한 코미디언이자 작가인 비제이 노박(B. J.

Novak)은《그림 없는 책(The Book With No Pictures)》을 완성했다. 아이들을 위한 책인데 그림이 하나도 없다. 의도는 분명하다. 아이의 독서는 시청각 자료가 아니라 읽어주는 사람과 듣는 아이의 교감이 중요하다는 이야기다. 노박은 부모가 책을 읽어주면서 아이와 대화를 나누는 과정에서 교감을 하게 되면 자연스럽게 감성이 발달하여 보다 능동적이고 창의적인 아이로 키울 수 있다고 말한다. 저자의 뜻이 통했는지 이 책은 2014년 출간된 이래 미국에서 선풍적인 인기를 끌며 오랜 기간 베스트셀러의 자리를 지켰다.

생각은 많이 하는데 왜 아이디어가 떠오르지 않을까

"생각을 많이 하는데, 왜 아이디어가 떠오르지 않을까요"라는 질문을 자주 받는다. 흔히 생각하는 시간에 비례하여 아이디어가 나올 것이라고 알고 있는데, 사실은 그렇지 않다. 시간은 결코 아이디어를 만들어주지 않는다. 음식을 생각하면 쉽게 이해할 수 있다. 똑같은 식재료로 요리를 해도 요리사에 따라 맛이 다른 음식이 나오지 않는가. 같은 조리법으로 요리를 했을 때도 음식 맛은 서로 다르다. 어떤 요리사는 최고의 요리를, 어떤 요리사는 재료가 아깝다는 생각이 들 정도의 음식을 만들어낸다. 사람의 생각은 식재료이고, 아이디어는 음식이다. 같은 생각으로 출발했음에도 불구하고 어떤 사람은 기발한 아이디어를 선

보이는가 하면, 어떤 사람은 그저그런 아이디어를 내놓는다. 아예 아이디어 자체를 떠올리지 못하는 경우도 있다. 그 차이가 뭘까?

음식에서 식재료는 필수 요소이지만, 이것만으로는 맛있는 음식을 완성할 수 없다. 꼭 필요한 한 가지 요소가 또 있다. 바로 양념이다. 양념이 없으면 좋은 식재료를 써도 원하는 맛을 내기가 어렵다. 양념이 맛을 좌우하기 때문이다. 같은 식재료를 쓰고도 요리사마다 다른 음식 맛의 차이도 양념에서 비롯된다. 최고의 요리사가 갖고 있는 비법이나 레시피도 양념이 핵심이다. 좋은 식재료에 특별한 양념을 써서 고급스럽고 개성 있는 음식을 만들어내는 것이다. 마찬가지로 생각에 양념을 더해야 창의적 아이디어가 나올 수 있다. 그 양념이 바로 감성이다. 감성의 차이가 아이디어의 수준을 결정한다. 몰랑몰랑한 사람이 창의적인 이유가 여기에 있다.

생각을 많이 한다고 좋은 아이디어가 나오는 것이 아니다. 생각에 자신의 감성을 더해야 한다. 감성이 부족한 생각은 아이디어를 피워낼 수 없다. 무엇을 하건, 어디에 있건, 누구와 만나건 자신의 온 감각을 동원하여 느끼고 공감함으로써 감성을 살리고 키워야 한다. 감각적인 감성쟁이가 되어야 한다.

04
상식을 깨면 세상이 주목한다

|
뒤
집
기

공급보다 수요가 넘쳐나던 시대가 있었다. 그때는 생산의 효율성을 극대화하는 방법이 기업 경영이나 마케팅의 중심이었다. 그러다가 수요보다 공급이 넘쳐나고 IT를 기반으로 한 정보사회가 도래하면서 흐름이 바뀌었다. 경쟁이 치열해지면서 기업들은 저마다 차별화된 사업 전략이 필요해졌고, 시장에서 경쟁 상대를 이기기 위해 치열한 마케팅 전쟁을 벌이게 되었다. 우위를 점한 것은 '룰 메이커 (rule maker)'들이었다. 그들이 정해놓은 룰이 시장을 움직였다. 다른 기업들도 각자의 영역에서 룰 메이커가 되기 위해 발 벗고 나섰다. 따라가기만 해서는 성공은커녕 생존하기조차 힘들기 때문이었다. 자연 혁신이 화두로 떠올랐다.

룰 메이커가 되면 선점 효과를 누릴 수 있다. 시장을 선점하면 여러 가지 이점을 누릴 수 있다. 소비자들을 충성도 높은 팬으로 만들 수 있고, 그들의 구매 행동을 기업이 원하는 방향으로 이끌어갈 수도 있다. 또한 소비자들의 사용 경험을 활용하여 다양한 마케팅 활동을 전개하기에도 유리하다. 규모의 경제를 실현할 수 있음은 물론이다. 이처럼 룰 메이커가 되어 시장을 선점한다는 것은 기업 경영에서 가장 강력한 자원을 소유하게 되는 것을 의미한다.

그렇다면 룰 메이커는 어떻게 될 수 있을까? 새로운 룰을 만들기가 쉬울까? 결코 쉬운 일이 아니다. 하지만 방법이 있다. 새로운 룰을 만드는 데만 집착하지 말고 기존의 룰을 깨뜨리는 것부터 시작하는 것이다. 이것이 바로 몰랑몰랑이다.

히트 상품은 누가 만들까

창의적이고 혁신적인 아이디어는 기존의 틀을 벗어나 색다른 시도를 했을 때 모습을 드러낸다. 맥도날드의 효자 상품인 빅맥 메뉴도 기존의 대열에서 벗어나려는 노력으로 탄생했다.

미국 펜실베이니아주 피츠버그 인근의 유니언타운에서 맥도날드 지점을 운영하던 마이클 짐 델리개티(Michael Jim Delligatti)는 손님들이 더 큰 햄버거를 원한다는 사실을 알게 되었다. 생각이 몰랑몰랑했던 그는 새로운 메뉴를 만들어 판매하면 손님들에게 더 큰 만족을 제공할 수 있으리라 생각하고, 이를 본사에 건의했다. 하지만 본사는 그의 건의를 받아들이지 않았다. 현재의 햄버거, 치즈버거, 감자튀김, 셰이크 등만으로도 충분히 판매가 잘되고 있었기 때문이다. 잘나갈 때는 변화를 위한 다른 시도가 불필요하게 여겨진다. 델리개티는 달랐다. 자신의 생각에 의지해 새로운 메뉴을 개발했다. 참깨빵에 쇠고기 패티 2장을 넣고, 양상추, 치즈, 오이피클, 양파와 특제 소스를 올린 대형 햄버거(빅맥)를 만들어낸 것이다. 본사는 델리개티의 노력에 두 손을 들고 일부 매장에 한해서 판매를 승낙했고, 빅맥은 출시되자마자 선풍적 인기를 끌면서 얼마 안 가 모든 매장의 공식 메뉴로 지정되었다. 그러나 델리개티에게 성공의 대가는 없었다. 상품 개발에 대한 대가나 로열티를 받지 못한 것이다.

사람들은 자신의 노력이 보상을 받지 못하면 상대를 원망하거나 더 이상의 노력을 포기한다. 해봤자 얻을 게 없는데 누가 그러겠는가. 그런데도 델리개티는 노력을 멈추지 않았다. 아이디어를 내어 자신의 '작품'을 만들어내는 것에 만족감과 희열을 느꼈다. 빅맥의 성공 후에도 델리개티는 철야 근무를 마치고 나오는 철강 노동자들이 매장에서 아침을 즐길 수 있게 하려고 제품 개발을 계속했고, 그렇게 해서 핫케이크와 소시지가 새롭게 만들어질 수 있었다.

프랜차이즈 점포를 운영하는 사람이라면 잘 알겠지만, 본사의 지시 없이 독자적으로 메뉴를 개발하기란 현실적으로 어려운 일이다. 공통된 메뉴와 매장 인테리어가 전체 브랜드 이미지에 큰 영향을 미치기 때문에 지점의 튀는(?) 시도를 본사는 매우 꺼릴 수밖에 없기도 하다. 이러한 본사의 프랜차이즈 관리 방침을 선호하는 지점도 많다. 자신이 속한 대열에서 벗어나고 싶어 하지 않는 것이다. 그에 반해 몰랑몰랑한 사람은 그대로 있어도 괜찮은 틀을 과감히 깨고 나와 자신의 생각과 능력을 발휘한다.

괴짜다운 생각과 행동

사실 사람은 기존의 틀에서 벗어나는 것에 대한 두려움을 가지고 있다. '인지적 구두쇠(cognitive miser)'의 속성 때문이다. 자신의 인지적 자원을 소모하려 하지 않는다는 것이다. 다시 말해서 새로움을 추구하는 데 피곤함을 느낀다는 것이다. 정형화되어 있는 틀에서 벗어나거나 이미 정해진 룰을 깨면 자신에게 손해일 수 있다고 인식하기 때문에 주어진 현실이나 상식에 맞추어 살아가려고 한다. 그런데 간혹 그것을 거부하는 사람을 볼 수 있다. 자신이 추구하는 가치와 비전을 실현하기 위해서다.

비즈니스의 상식을 깨고 자신만의 방법으로 지속적으로 성공을 거두는 인물이 있다. 창의적인 CEO로 잘 알려진 리처드 브랜슨(Richard Branson)이다. 400개가 넘는 기업을 소유하고 있는 버진그룹(Virgin Group)의 창립자인 그는 난독증으로 최하위의 성적을 받고 고등학교를 중퇴했다. 그가 만약 사회가 정해준 룰대로 살았다면 일찍 낙오자가 되었을지 모른다. 하지만 그는 그렇게 살 필요가 없다고 느꼈고, 자신의 방식대로 즐겁게 사는 길을 선택했다.

브랜슨은 도전정신과 즐거움을 자신의 인생 철학으로 삼고 다양한 사업으로 시장을 개척하며 사회적 통념을 파괴하는 개척자가 되었다. 추진한 모든 사업에서 다 성공한 것은 아니다. 자신만의 사업을 추진하는 일에 두려움이 없었던 그는 문제의 버진콜라(Virgin Cola)도 만들었다. 이미 시장은 거인인 코카콜라와 펩시가 점령하고 있어 더 이상의 틈이 없어 보였지만 개의치 않았다. 마케팅에서도 기상천외한 일을 벌였다. 코카콜라와 정면 대결을 벌이겠다는 의미로 뉴욕의 타임스퀘어에서 영국 탱크를 몰고 들어가 코카콜라 간판을 부수고, 코카콜라 깡통을 쌓아 만든 벽을 뚫고 전진하는 퍼포먼스를 감행했다. 당연히 사람들의 이목을 끄는 데는 성공했지만, 입맛까지 바꾸지는 못했다. 버진콜라는 실패하고 말았지만, 브랜슨의 실험은 계속되었다. 시카고의 도심에서는 자신이 직접 춤을 추며 화려한 퍼레이드를 주도하기도 했다. 버진그룹에서 새로 개장하는 호텔을 홍보하는 퍼포먼스였는데, 퍼레이드 차량에 오른 그는 65세의 나이에 검은색 가죽 재킷을 입고 젊은 여성들 사이에서 몸을 흔들며 분위기를 고조시켰다. 영화에서나 나올 법한 장면에 사람들은 놀라며 즐겁다는 반응을 보였다. 아마도 속으로는 '과연 리처드 브랜슨답다'라는 생각

혼자 먹는 밥은 혼밥, 혼자 보는 영화는?

을 했을 것이다.

많은 사람이 브랜슨을 '괴짜' 억만장자라고 말한다. 그가 하는 행동들이 평범하지 않아서일 것이다. 괴짜란 무엇일까?

강의를 하던 어느 날이었다. 나는 강의를 시작할 때 분위기를 띄우기 위해 간단한 퀴즈를 내곤 한다. 한번은 "혼자 먹는 혼밥과 혼자 마시는 술인 혼술에 대한 관심이 높아지면서 이와 관련된 신조어들이 많습니다. 그렇다면 혼자서 보는 영화는 무엇일까요?"라고 물었다. 당연히 혼영이라는 대답을 기다리고 있었는데, 수강자들 중 한 명이 손을 번쩍 들더니 이마를 탁 치게 하는 대답을 내놓았다. 야동이라는 것이다. '혼자서'라는 말이 붙었으니 자연히 대부분의 사람들은 '혼'으로 시작되는 단어를 생각했을 텐데, 그 사람만이 전혀 다른 생각을 했고, 그것을 답으로 이야기하는 대범함을 보였다. 물론 그것도 맞는 답이었다. 야동은 대부분 혼자서 보지 여러 명과 함께 즐기지는 않으니 말이다. 이런 것이 바로 괴짜다. 기본적인 상식의 틀 안에서 생각하지 않고 남다른 자신만의 사고와 행동을 하는 것 말이다.

리처드 브랜슨과 같은 괴짜 행동을 생각해본 사람이 많을 것이다. 하지만 실제로 행동으로 옮기지는 못한다. 두렵기 때문이다. 몰랑몰랑은 이런 두려움을 없앨 수 있는 강력한 에너지를 가지고 있다. 또한 괴짜스러움을 브랜드가 성공할 수 있는 힘으로 바꾸어놓는다. 우리에게 몰랑몰랑이 필요한 이유도 여기에 있다.

창의적 아이디어가 되는 질문

나는 강의 마지막 무렵에 언제나 질의응답 시간을 갖는다. 일방적으로 내용을 전달하는 강의에서 무엇을 느꼈는지 궁금해서이기도 하고, 주어진 시간 내에 준비한 내용을 제대로 전달했는지 점검하는 차원이기도 하다. 질문을 받아보면 대개 세 부류로 나뉜다. 3명 중 1명은 강의와 상관없는 웃기고 엉뚱한 질문을 하고, 다른 1명은 강의 내용에 관한 전문적 질문을 내놓는다. 나머지 한 사람은 그냥 질문만

한다. 나를 가장 당황스럽게 만드는 사람은 마지막 사람이다. 질문의 의도나 내용의 핵심을 파악할 수 없어 답변하기가 곤란하기 때문이다. 이럴 때는 그의 질문을 내 방식대로 바꾸어 다시 질문하고 확인해서 대답한다. 그러면서도 안타까운 마음이 든다.

질문은 좋은 습관이다. 질문을 통해 새로운 정보와 지식을 얻고 소통할 수 있기 때문이다. 그런데 질문에도 준비가 필요하다. 왜 질문하는지 명확한 의도가 있어야 하고, 질문 분야나 답변자에 대한 사전 지식도 갖출 필요가 있다. 그래야 답변자로부터 원하는 바를 얻어낼 수 있다. 답변보다 질문이 어렵다고 말하는 이유다. 7살 아이의 수준으로 질문하면서 대답은 50살 전문가의 수준을 바란다면 질의응답의 부조화가 생길 수밖에 없다.

창의적인 아이디어를 만들어가는 질문도 그렇다. 스스로 정한 기준 위에 가설을 세우고 그에 대한 해답을 찾아가는 과정에서 제대로 된 질문이 나온다. 그러한 질문을 통해 설정한 가설이 옳은지 그른지 알 수 있다. 예를 들어 자동차가 하늘을 날 수 있다는 가설을 세웠다고 하자. 이 가설을 증명하려면 하늘을 날 수 있는 자동차가 있어야 한다. 이를 위해 처음에는 자동차가 날기 위해 무엇이 필요한지를 질문하고, 자동차 엔진이 비행기 엔진처럼 강한 추진력을 가지려면 어떻게 해야 하는지 전문가에게 조언을 구하게 된다. 질문자가 아무런 사전 지식이 없다면 원하는 답을 얻기 어렵다. 먼저 기준을 세워 준비하고 있어야 한다.

얼마 전 영재를 소개하는 어느 TV 프로그램에서 그림을 아주 특이하게 그리는 소년을 보았다. 풍부한 상상력을 그림으로 표현하는 재능을 가진 그 소년은 촬영이 진행되는 도중에 갑자기 그림을 그리기 시작했다. 한 치의 망설임도 없이 그림 그리기에 몰두한 소년이 과연 어떤 그림을 선보일지 몹시 궁금해졌다. 하지만 그리는 모습으로 보아서는 왠지 영재라고 하기에 부족함이 있는 것 같았다. 무슨 그림인지 도무지 알 수 없었다. 그때 갑자기 소년이 자신이 그린 여러 장의 그림을 한 곳에 모았고, 이내 한 장의 큰 그림이 나타났다. 떠오른 이미지를 창의력을 발휘하여 한 장이 아닌 여러 장으로 나누어 그린 결과였다!

보통 사람들은 그림을 그리라고 하면 주어진 백지 위에 무엇을 그릴 것인가만 생각한다. 한 장의 종이에 자신의 생각을 담는 것이 암묵적 룰이라고 인식하기 때문이다. 어느 누구도 그렇게 그리라고 말하지 않았는데도 말이다. 영재 소년은 달랐다. 얼마든지 다르게 그릴 수 있다고 보고 한 장에 부분을 그리고 그것을 모아 전체 그림을 완성했다. 룰에 얽매이지 않고 자신의 생각대로 표현했기에 가능한 '작품'이었다.

뒤집어라, 창의성을 발휘하고 싶다면

룰을 깨어 창의성을 발휘하는 또 하나의 방법은 뒤집어보는 것이다. 우리는 지금까지 자신의 분야에서 전문성을 키우기 위해 깊게 파는 훈련을 해왔다. 방대한 정보의 바다에서 자신이 원하는 부분을 찾아내려면 한 가지를 깊게 파고들어야 한다. 하지만 한 가지만 깊게 파다 보면 시각과 사고가 좁아지고 굳어져 다른 면을 보지 못하게 된다. 따라서 뒤집어보는 노력이 필요하다. 눈앞의 정보와 현상에 매몰되지 말고 이렇게 저렇게 뒤집어볼 줄 알아야 한다. 다르게 보는 습관을 키우고, 다양한 시각으로 해석할 줄 아는 능력을 길러야 자신만의 아이디어를 찾아낼 수 있다.

뒤집는다는 것은 새로운 가능성을 위한 토대를 마련하는 일이다. 속을 뒤집는다거나 분위기를 뒤엎는다는 말처럼 부정적인 의미로 사용하는 경우도 있으나, 전혀 다른 차원이다. 긍정의 눈으로 희망의 씨앗을 뿌릴 준비를 하는 것이다. 그것은 마치 가을날 수확을 마친 들판을 다시 갈아엎는 것에 비유할 수 있다. 농작물은 딱딱하게 굳은 땅에서 싹을 틔우지 못한다. 봄에 씨앗을 뿌리고 씨앗에서 싹이 트게 하려면 '잠든' 땅을 뒤집어 부드럽게 '깨어나게' 만들어야 한다. 생각을 뒤집는 것도 이와 다르지 않다. 경직된 두뇌를 유연하게 만드는 노력이 필요하다. 이를테면 평소에 자주 보고 들어 익숙해진 것들을 '낯설게' 바라보거나 거꾸로 생각해보는 것이다.

길을 걷다 보면 간혹 위아래를 바꾸어 걸어놓은 간판을 발견할 수 있다. 공해라고 할 만큼 어지럽게 걸려 있는 간판들 속에서 거꾸로 붙어 있는 간판은 지나가는 사람들의 눈길을 끌기에 부족함이 없다. 별도의 비용을 들이지 않고 위치를 바꾼 것만으로 톡톡한 홍보 효과를 누리는 셈이다. 어떻게 보면 아주 사소한 뒤집기라고 할 수 있지만, 간판의 룰을 깨는 매우 창의적인 시도라고 하지 않을 수 없다.

실수를 해도 좋다. 다른 사람이 이해하지 못해도 괜찮다. 거꾸로 매달린 간판처럼 뒤집기를 시도해보라. 분명 그 과정에서 창의성이 발휘될 수 있을 것이다. 몰랑몰랑은 뒤집는 것이다.

05
상상 초월? 상상 공유!

| 우 리

창의적인 아이디어는 한 개인의 머리에서 나오는 것이라고 생각하기 쉽지만, 그렇지 않다. 개인도 물론 중요하지만, 아이디어가 떠오르고 살아나 빛을 발하려면 조직이 함께 움직여야 한다. 다양한 생각과 능력을 가진 사람들이 특정한 아이디어를 중심으로 같은 목표와 방향을 가지고 나아갈 때 뛰어난 결과물을 만들어낼 수 있다. 세상에 알려진 제품과 브랜드는 모두 그렇게 탄생되었다.

사표의 진실은 권력간격지수

윤홍근 제너시스BBQ그룹 회장의 부탁으로 신입사원 채용 면접에 참가한 적이 있다. 마케팅과 글로벌사업 부문으로 나누어 지원자들을 인터뷰했는데, 젊은이들의 의욕과 열정을 마주하는 시간이 즐거웠다. 그들의 이야기도 놀라웠다. 저마다 특별한 경험과 다양한 스펙을 당당하게 소개하는 모습이 우열을 가리기 어려울 정도였다. 이렇게 몰랑몰랑한 사람들이 그동안 어디에 있었던 것일까?

기업의 CEO들과 만나보면 공통적으로 털어놓는 가장 큰 고민이 쓸 만한 인재가 없다는 것이다. 실제로 그럴까? 참신한 인재들을 뽑아놓고는 굳어가게 만들었던 것은 아닐까?

2016년 9월, 〈SBS 스페셜〉에서 흥미로운 주제가 전파를 탔다. '요즘 젊은 것들의 사표'라는 제목의 방송이었는데, 놀라운 사실이 밝혀졌다. 우리나라 기업들에서 1년 안에 퇴사하는 신입사원의 비율이 27.7%라는 것이다. 퇴사 이유는 밤늦게까지 이어지는 회식, 경직된 조직문화, 의미 없는 야근이었다. 요즘 젊은이들은 참을성이 부족해서 그렇다고 말하는 사람도 있을 것이다. 힘들게 들어간 회사에서 시키는 대로 하면 되지 그 정도도 참지 못하고 그만두는 것은 경솔한 태도라고 말이다. 하지만 여기서 생각해보아야 할 점이 있다. 퇴사하는 사원들 중에 정작 회사에 필요한 몰랑몰랑한 인재가 있을 수 있다는 것이다. 그런 인재일수록 답답한 조직을 못 견디는 경향이 있다. 그들은 창의성을 발휘할 수 없게 만드는 딱딱한 조직에 남아 있기를 거부하게 된다.

'권력간격지수(Power Distance Index)'라는 용어가 있다. 네덜란드

사회학자 게르트 홉스테드(Geert Hofstead)가 만든 용어로, 한 집단이 권위나 위계질서를 얼마나 중시하는지를 나타내는 지수다. 직원들이 상사 의견에 동의하지 않는데도 뒤탈이 날까 두려워 입을 열지 않는다거나 직급이 높은 사람과의 대화를 어려워한다면 권력간격지수가 높은 것이다. 우리나라 기업들은 이 지수가 높은 편이다. 앞에서는 창의적 기업을 내세우지만 실제로는 수직적 질서에 길들여져 있다. 몰랑몰랑한 인재가 없다고 타박할 것이 아니라 권력간격지수를 낮추는 노력부터 해야 한다.

인공지능의 미래가 두려운가?

아직 우리 사회는 보여주기식 행태에서 벗어나지 못하고 있다. 창의와 혁신조차도 알맹이는 없이 외형적인 부분에만 힘을 쏟는다. 바꿔야 한다. 지금이야말로 진정한 변화가 필요한 시점으로, 제일 먼저 조직을 몰랑몰랑하게 탈바꿈시켜야 한다.

몰랑몰랑한 조직을 만들려면 구성원들의 본능과 직감, 영감, 상상력을 존중하고 키워주는 분위기부터 조성해야 한다. 바로 HI(인간지능, Human Intelligence)를 향상시켜야 한다는 말이다. 시급한 조직 혁신을 위해서도 그렇고, AI(인공지능, Artificial Intelligence) 시대에 요구되는 생존 전략 수립을 위해서도 그렇다. 앞으로는 인공지능이 사람의 역할을 대체할 것이라는 전망이 우세한 가운데 이러다가 인간이 기계한테 밀려나고 마는 것 아니냐는 우려의 목소리가 높다. 하지만 그것은 인간의 몰랑몰랑을 배제했을 때나 나올 수 있는 이야기들이다. 인공지능이 지금보다 더 발달한다 해도 몰랑몰랑해질 수는 없다. 몰랑몰랑은 사람만이 갖고 있는 고유 능력이기 때문이다.

직관의 예를 들어보자. 직관은 어떤 현상이나 상황을 보고 본질을 파악해내는 능력으로, 사람만 가지고 있다. 동물들이 먹잇감을 발견했을 때 발휘하는 본능적 감각이나 인공지능에 내재된 식별 기능과는 차원이 다른 능력이다. 구성원들이 이러한 직관을 맘껏 발휘할 수 있게 해주어야 한다. 각종 데이터나 수치에 얽매여 직관을 금기시하는 조직은 창의성을 말할 자격이 없다. 사람이 기업이라는 생각으로 모든 것의 중심에 사람을 세울 필요가 있다. 시스템으로 돌아가는 조직을 만들어야 한다고 하지만, 시스템보다 사람을 중시해야 한다. 구성원 개개인이 자신의 아이디어와 능력을 펼칠 수 있게 해주어야 한다. 그래야만 조직을 창의적으로 변모시킬 수 있고, 어떤 상황에서도 실기하지 않고 적절히 대응해나갈 수 있다.

우선적으로 구성원 누구에게나 개방적이고 유연한 추상적 사고를 즐길 수 있는 시간을 허용해주어야 한다. 물리적인 시간뿐만 아니라 심리적으로도 자유로운 시간이 되도록 해야 한다. 아이디어를 내라고 강요하지 않는 열린 분위기에서 각자의 생각을 말하며 서로의 의

견을 존중할 수 있을 때 창의적인 영감이 살아나고 표출되어 공유할 수 있게 된다. 아이디어 회의를 한답시고 각자 하나씩 아이디어를 준비해오라고 지시하는 경우가 많은데, 잘못된 방식이다. 아이디어는 제한을 두거나 압박을 받으면 오히려 움츠러든다. 마지못해 아이디어를 가져온다고 해도 좋은 아이디어일 가능성은 제로에 가깝다. 아이디어는 양이 아니라 질이고, 개수에 비례하지 않기 때문이다.

몰랑몰랑은 전파력이 뛰어나다. 한 방울의 물감이 종이에 떨어져 퍼져나가듯, 몰랑몰랑한 한 사람이 조직 전체를 몰랑몰랑하게 만들 수 있다. 중요한 것은 그 몰랑몰랑을 지켜주는 것이다. 모두가 아니어도 좋다. 일부 또는 어느 한 사람이라도 몰랑몰랑한 상태를 유지할 수 있도록, 사고가 굳어지지 않도록 세심한 배려를 아끼지 말아야 한다. 창의적인 사람을 인정하고, 여유를 가지고 기다려줄 수 있어야 한다. 아이디어를 낼 수 있는 환경을 만들어주는 것이다. 창의적인 조직이란 이런 것이다.

조직이 몰랑몰랑하다는 것은 이런저런 아이디어를 끌어모으는 것이 아니라 특별하고 탁월한 아이디어를 찾아내고 현실화하는 것을 의미한다. 그래야 창의적인 혁신이 가능하다. 여기서 우리가 주목해야 할 또 한 가지는 아이디어를 현실화하는 문제다.

월트 디즈니는 '우리'가 만든다

꿈과 상상의 나라를 만드는 월트 디즈니는 조직을 몰랑몰랑하게 유지하면서 그 속에서 나오는 아이디어를 현실화하는 데 주력하는 대표적인 기업이다. 아이들뿐 아니라 성인들까지 디즈니의 작품에 열광하는 이유는 몰랑몰랑한 아이디어를 피부로 느낄 수 있기 때문이다. 그것을 가능하게 하는 월트 디즈니의 중심에는 '이매지니어 (imagineer)'가 있다.

상상한다(imagine)와 엔지니어(engineer)의 합성어인 이매지니어는 월트 디즈니에서 아이디어뱅크 역할을 하는 직원들을 가리키는 말이다. 그들은 환상의 세계에서나 가능한 놀라운 아이디어를 상상하고 현실화하는 일을 담당한다. 그들의 노력으로 우리가 이제까지 보아온 명작들이 탄생할 수 있었고, 오늘의 디즈니가 될 수 있었다. 그들은 지금 이 시간에도 세상을 깜짝 놀라게 만들 아이디어 작품을 구상 중일 것이다. 이렇게 말하면 그들이 엄청난 스트레스에 시달릴 것이라고 지레짐작하는 사람들이 있다. 아니다. 이매지니어들은 아이디어를 강요받지 않는다. 그들에게는 자유가 있다. 어떤 상상을 하든, 그것이 말이 되든 안 되든 구애받지 않는다. 현재의 기술로 구현이 가능한지, 비용이 얼마나 드는지도 고민하지 않는다. 회사가 그것을 정책적으로 뒷받침하기 때문이다. 몰랑몰랑한 그들이 자신의 몰랑몰랑을 유지할 수 있는 배경이다.

월트 디즈니의 몰랑몰랑은 직원들 간 협업을 수월하게 만들기도 한다. 디즈니의 이매지니어들은 스스로 아이디어를 내고, 이를 구현할 수 있는 방법에 대해서 함께 의논한다. 그 방법을 함께 찾아가는 것이다. 그 속에서 창조적인 상상력이 극대화될 수 있다. 몰랑몰랑하다는 것이 꼭 모든 사람이 아이디어를 만들어내는 것을 의미하지는 않는다. 누군가는 아이디어 자체가 아니라 이를 실현시킬 수 있는 방법에 대한 몰랑몰랑을 가질 수 있다. 개인이 아닌 함께여서 몰랑몰랑이 더 극대화될 수 있는 것이다.

월트 디즈니의 몰랑몰랑을 선망하는 기업이 많다. 그러면서도 자기네 현실과는 다르다며 적용할 엄두를 내지 못한다. 그럴 수 있다. 조직문화나 경영 여건 등 여러 면에서 차이가 있기 때문이다. 중요한 것은 월트 디즈니를 따라 하는 것이 아니라 몰랑몰랑을 배우는 것이다. 그러기 위해서는 앞서 살펴본 월트 디즈니의 '블루 스카이 프로세스(blue sky process)'처럼 상상력이 주는 창조의 힘을 믿고 구성원

들이 자유로운 상상과 대화를 즐길 수 있는 분위기를 만들어야 한다. 그런 분위기에서 새로운 아이디어가 탄생하고 실현되는 법이다.

이제는 국내 기업들 가운데서도 딱딱한 보고 형식의 회의에서 탈피하여 자유롭게 아이디어와 의견을 교환할 수 있는 토론 방식으로 회의를 진행하는 곳이 늘어나고 있다. 그러한 시도가 당장의 성과로 이어지지는 않겠지만, 그 자체로 높이 평가할 만하다. 몰랑몰랑은 작은 변화로 시작해서 문화로 정착되고, 마침내 큰 성과를 낳게 된다.

마우스의 대중화를 이끈 주인공은?

마우스가 없는 컴퓨터는 상상하기 어렵다. 그런데 처음부터 컴퓨터에 마우스가 있었던 것은 아니다. 이를 발명한 사람은 누구일까? 스티브 잡스로 알고 있는 사람이 적지 않은데, 사실은 아니다. 세계 최초의 마우스는 1968년 미국 캘리포니아의 스탠포드연구소에서 일하던 더글러스 엥겔바트(Douglas C. Engelbart)의 손에서 만들어졌다. '더 사용하기 쉬운 컴퓨터' 개발 프로젝트를 진행하던 중 나무로 만든 작은 박스에 버튼과 휠(wheel)이 달린 기기를 제작하게 되었고, '디스플레이 시스템을 위한 X-Y 위치 표시기'라는 이름이 붙었다. 다소 복잡하게 설계된 이 기기는 대중용이 아닌 전문가용으로 사용되기 시작했다. 아무도 이를 상용화할 생각을 하지 못했던 것인데,

그 생각을 처음으로 하고 마우스라는 이름으로 누구나 사용하기 쉽게 재탄생시킨 사람이 바로 스티브 잡스다.

스티브 잡스는 제록스에서 사용 중이던 이 특이한 기기를 보자마자 '바로 이것이다!' 생각하고 4만 달러에 특허권을 사들여 애플의 매킨토시컴퓨터에 장착했다. 이때부터 마우스가 상용화되기 시작하여 컴퓨터의 대중화와 인터넷 시대를 여는 핵심 도구로 세상을 바꾸는 데 결정적 역할을 하게 되었다. 후일담이지만, 더글러스 엥겔바트가 마우스를 발명해서 번 돈은 1만 달러에 불과했다고 한다. 그에 비해 스티브 잡스는 세상에서 가장 창의적인 인물로 손꼽히며 부와 명예를 손에 쥘 수 있었다. 전문가의 손에 있던 것을 세상 모든 사람들의 손에 쥐어준 혁신의 결과다.

만약 마우스가 스티브 잡스의 눈에 띄지 않은 채 발명 초기의 상태그대로 있었다면 어떻게 되었을까? 아마도 마우스가 세상을 바꾸는도구가 되지 못했을 가능성이 크다. 이처럼 아이디어는 생각해내는것도 중요하지만, 현실화하고 대중화하는 것이 더 중요할 수 있다. 그리고 여기에는 개인이 아닌 조직의 힘이 절대적으로 필요하다.

어떤 직원이 아주 훌륭한 비즈니스 아이디어를 제기했는데 아무도그 가치를 알아보지 못하거나, 누군가가 알아보기는 했는데 다른 구성원들이 실현을 위해 나서주지 않는다면 그 아이디어는 아무 짝에도 쓸모없는 뜬구름이 되고 만다. 그런 기업에서 혁신적인 제품이 나올 리 만무하다. 직원들이 몰랑몰랑해져 있어야 아이디어가 나올 수 있고, 아이디어의 가치를 알아볼 수 있고, 그 가치를 실현할 수 있는 것이다. 리더의 역할은 말할 나위도 없다. 직원들의 아이디어를 기다려주고 가능성을 발견해주어야 한다. 회의가 몰랑몰랑한 상태를 유지할 수 있게 신경을 쓰고, 아이디어가 나왔을 때 수용적인 반응을 보여야 한다. 아무런 느낌이 없는 것처럼 보이거나 문제점만 지적하는 식으로 반응하면 아무도 더 이상 입을 열려고 하지 않을 것이다.

몰랑몰랑은 나 혼자가 아닌 우리가 만드는 것이다. 몰랑몰랑한 우리가 되어야 창조적인 아이디어가 숨쉴 수 있고 조직을 혁신시켜 세상을 움직이는 작품을 탄생시킬 수 있다. 구성원들은 저마다 다른 아이디어를 가지고 있다. 가치의 정도도 다르다. 이렇게 개별적인 아이디어가 몰랑몰랑한 우리를 만나면 빛을 발하며 가치를 더욱 키울 수 있다. 몰랑몰랑은 혼자가 아니다.

06
환자를 가장 빠르게 옮기는 방법
│
잡
종

　우리 문화를 일컬어 흔히 '비빔밥 문화'라고 한다. 성질이나 색깔
이 서로 다른 것들을 뒤섞어 새로운 무언가를 만들어내는 재주가 뛰
어나다는 의미를 담고 있다. 비빔밥은 그러한 면모를 아주 잘 대변한
다. 나물 등 각기 다른 맛을 내는 재료들을 한 그릇에 넣고 고추장과
참기름을 두른 뒤 밥과 함께 비비면 입맛을 돋우는 맛난 음식이 된
다. 완성된 비빔밥은 그 안에 들어간 재료들과는 또 다른 맛을 내는
'잡종'이다.

　이어령 전 문화부 장관은 비빔밥은 한국 문화의 진수라고 말했다.
날것도 익힌 것도 아닌 그 중간, 자연과 문명을 서로 조합하려는 시
스템 속에서 만들어낸 음식이라며 '맛의 교향곡'이라고 평가하기도
했다. 21세기 한국인의 키워드로 제시한 디지로그(디지털+아날로

그)의 원천을 비빔밥에서 찾을 정도였다.

한국인의 회식 자리에서 빠지지 않고 등장하는 폭탄주는 어떤가. 양주와 맥주 또는 소주와 맥주를 섞어 만드는 폭탄주는 다른 맛과 향을 가진 술이 서로 섞여 또 다른 맛을 낸다. 가지각색인 제조 방법도 눈과 귀를 즐겁게 한다. 사람들이 폭탄주를 즐기는 이유를 충분히 알 수 있다. 주류업계에서 이를 놓칠 리 없다. 제조의 번거로움을 없애고 폭탄주의 맛을 단번에 느낄 수 있는 제품을 출시했던 것이다. 하지만 소비자들이 반가워하지 않았다. 맛도 맛이지만 폭탄주의 매력은 서로 다른 술을 섞어 만드는 과정의 즐거움에 있기 때문이었다. 누가 제조하느냐에 따라 느낌이 다르고 맛에서도 미묘한 차이를 보인다. 혼합이 빚어내는 차이가 사람들을 즐겁게 하는 것이다.

잡종, 위대한 탄생의 비밀

오늘날의 화두인 융복합은 혼합을 좀 더 심화, 발전시킨 개념이라고 할 수 있다. 비빔밥이나 폭탄주에서부터 문화나 산업 간 결합에 이르기까지 융복합의 범위와 방식, 형태는 무수히 많다. 4차 산업혁명 시대의 도래와 더불어 더욱 중요해진 융복합의 가능성과 필요성에 따라 관련 논의와 실험, 시도가 속속 이어지고 있는데, 융복합의 성공을 위한 방법도 중요하지만 그보다 더 중요한 것은 열린 태도다. 동종이 아닌 이종, 익숙한 것이 아닌 낯선 것, 아는 것이 아닌 모르는

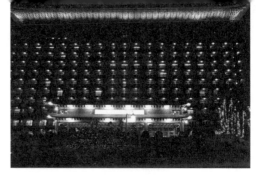

현대에 전통을 씌우다. 타이완 타이베이.

자동차가 오토바이를 만났을 때. 서울.

멜론과 아이스크림의 조화. 서울.

것에 대한 거부감을 넘어 서로 다른 것을 받아들일 수 있는 마음자세가 무엇보다 중요하다. 그래야만 융복합의 진정한 가치인 새롭고, 뛰어나고, 그래서 놀라운, 우리를 더 나은 세계로 이끄는 혁신이 이루어질 수 있다.

《어린 왕자》의 작가 생텍쥐페리는 다른 사람과 함께, 다른 사람을 통해서 서로 협력할 때 비로소 위대한 것이 탄생한다고 말했다. 융복합의 방식과 결과를 간단히 표현한 말이다. 실제도 크게 다르지 않다. 여기저기서 모인 정보와 사람들이 만나 교류하고, 협력하고, 결합시켜 새로운 창조물을 만들어내는 것이다. 다른 것들이 만나고 섞이면 자신도 모르게 몰랑몰랑해지고 이전에는 생각조차 할 수 없었던 아이디어를 얻게 되고, 새롭게 시도할 수 있는 힘과 용기가 생겨나기 때문이다. 그런 의미에서 몰랑몰랑은 잡종이라고 할 수 있으며, 이는 '메디치 효과(Medici Effect)'에서도 확인할 수 있다.

메디치 효과는 다양한 사람이 모여드는 곳에서 놀라운 혁신이 일어나는 현상을 일컫는다. 좀 더 구체적으로 말하면, 각지에서 오는 서로 다른 사람들의 생각이 만나는 교차점에서 혁신적인 아이디어가 폭발적으로 증가하여 역사를 변화시키는 중심지가 되었다는 것이다. 스웨덴 출신의 경영 컨설턴트 프란스 요한손(Frans Johansson)이 그의 저서 《메디치 효과》에서 처음 소개한 개념으로, 르네상스 시대 이탈리아의 피렌체를 호령했던 메디치 가문의 이름에서 따왔다고 한다. 당시 메디치 가문은 튼튼한 부를 기반으로 다방면의 예술가들을 초빙했고, 곳곳에서 모인 예술가들이 만나 창조적 생각과 영감을 교환하면서 르네상스라는 거대한 물결이 일게 되었다는 것이다.

다양한 분야가 결합하여 예상치 못한 혁신을 이루는 메디치 효과는 영국 캠브리지의 한 병원에서도 증명되었다. 환자를 최대한 빠르게 옮길 수 있는 방안을 고민하던 중 일어난 일이었다. 그들은 외과 수술실에서 집중치료실로 환자를 빠르게 옮기는 방법을 알아보기 위해 다른 병원들은 어떻게 하는지 조사해보기도 했다. 하지만 별 뾰

족한 수를 발견하지 못했다. 혁신이 그렇다. 같은 분야에서는 좀처럼 단서를 찾기 어렵다. 다른 분야로 눈을 돌려야 한다. 병원은 카레이싱 정비팀의 방식에 주목했다. 그들은 경기 도중에 들어오는 경주 차량에 몇 사람이 한꺼번에 달려들어 거의 눈 깜짝할 사이에 타이어 등의 부품을 교체한다. 정비팀이 나왔던가 싶게 바로 정비를 끝내는 것이다. 그 작업은 신속하면서도 완벽에 가깝다. 그럴 수밖에 없는 것이 카레이서의 생명과 직결되기 때문이다. 어느 하나에라도 소홀하면 소중한 목숨을 위태롭게 만들 수 있기 때문에 작업 하나하나에 만전을 기해야 한다. 병원은 카레이싱 정비팀의 작업 방식을 면밀히 분석하여 외과병동에 도입했다. 그 결과, 응급환자를 수술하고 이송하는 데 걸리는 시간이 크게 단축되었다.

병원의 사례는 전혀 관련 없는 분야의 지식이 해당 분야의 문제를 해결하는 데 결정적으로 작용할 수 있다는 사실을 아주 잘 보여준다. 사람들은 보통 문제가 생기면 동종업계의 사례를 바탕으로 해결책을 찾으려 든다. 간단한 문제라면 그렇게 해서 해결할 수 있겠지만, 보다 근본적인 문제는 그렇게 접근해서는 안 된다. 과거와는 완전히 다르게 접근해야 한다. 우리가 원하는 답은 우리가 생각하는 범주 밖에 있을 수 있다는 생각으로 이제껏 경험해보지 못한 분야를 돌아볼 줄 알아야 한다. 그렇게 발견한 힌트가 이종 간 결합의 계기가 되어 그동안 아무도 해결하지 못한 문제를 푸는 열쇠로 변하게 된다.

나는 세상을 스크랩한다

알지 못하는 분야에서 필요한 아이디어를 발견하고 해결의 실마리로 삼으려면 평소 자신만의 준비와 방법이 있어야 한다. 무턱대고 돌아다닌다고 해서 유용한 경험을 쌓거나 원하는 것을 찾을 수 있는 것이 아니다. 나는 이질적 대상들이 내포하는 다양성을 효과적으로 수용하기 위한 준비로 책과 스크랩을 애용한다.

내기 서점에서 제일 먼저 가는 곳은 인문학 코너다. 인문학이 모든 학문과 지혜의 본령이라고 생각하기 때문이다. 인문학 도서들을 살펴보고 나서는 디자인, 예술, 경영, 경제 순으로 둘러본다. 그리고 마지막으로 신간 코너에 들른다. 지금 가장 주목받고 있는 주제가 무엇인지 알 수 있기 때문이다. 어떤 날은 처음부터 신간 코너로 가기도 한다. 평소와 반대 순서로 서점을 여행하다 보면 미처 내가 발견하지 못한 책이 보일 때가 있어서다. 단, 시간적 여유가 있을 때 그렇게 한다. 마지막 코스가 인문학이나 전공 분야이면 시간이 더 많이 소요되기 때문이다.

각 코너에서 책을 고를 때에도 나만의 방법이 있다. 먼저 표지 디자인을 본다. 단지 예쁘고 고급스러운 표지보다는 독특하면서 호기심을 자극하는 표지를 선택한다. 그 안에 담겨 있을 콘텐츠가 무엇일까 궁금해지는 표지 디자인을 선호한다. 그리고 서점에 많이 쌓여 있는 책보다는 사람 손때가 많이 묻은 책을 눈여겨본다. 많은 사람이 책을 집어 들게 된 이유를 알고 싶기도 하고, 무엇 때문에 판매로 이어지지 못하고 여태 책장에 꽂혀 있는지 추측해보기 위해서다. 그렇게 나만의 도서 목록을 만들어가다 보면 다양한 책들을 접할 수 있고, 사고가 몰랑몰랑해지는 것을 느끼게 된다.

책의 내용을 소화하는 과정에서도 나는 조금 다른 방법을 사용한다. 세상의 모든 정보와 지식을 직접 확인해서 수용할 수 없다는 걸 잘 알기에 쓰는 방법이다. 새로운 프로젝트를 맡게 되면 먼저 관련 분야의 책을 찾아 읽는 것은 사람들과 별반 다름이 없다. 하지만 그 많은 책을 하나하나 완벽하게 숙지하기엔 물리적 제약이 따르기에 다른 방법을 동원한다. 언젠가 제약회사의 자문을 맡게 되었을 때에도 그런 방법으로 책들을 소화했다. 제약은 내게 생소하고 어려운 분야라서 공부가 필요했고 필요한 책도 많았다. 국내 서적만으로는 부족해서 외국 서적의 도움도 받아야 했다. 책을 구하기도 쉽지 않았고 내용을 이해하기도 어려웠지만, 나만의 독서법으로 웬만큼 '교양'을 쌓을 수 있었다.

나만의 독서법이란 '세로 먼저, 그다음 가로'이다. '세로 먼저'는 관심 분야의 책을 두루 읽는 것이다. 같은 주제라도 지은이의 관점에 따라 다르게 서술하고 내용의 깊이도 차이가 있는 책들을 읽어가다 보면 전문 지식과 함께 나름의 식견을 키울 수 있다. '그다음 가로'는 하이퍼텍스트를 통해 책에서 인용한 책들이나 용어들을 찾아 읽기의 범위를 계속해서 넓혀가는 것이다. 인용의 인용을 이어서 찾다 보면 처음의 책과 관련이 없는 책을 손에 잡게 될 때도 있다. 그만큼 독서 범위가 다양해지게 된다. 이것이 바로 내가 활용하는 세로 먼저, 그다음 가로 독서법인데, 인식이 깊어지고 넓어져 몰랑몰랑한 상태를 만들어준다.

책을 읽는 것 외에 나는 수많은 정보를 습득하기 위해 '괴짜 스크랩'을 한다. 괴짜라고 이름 붙인 데는 스크랩하는 정보들이 조금은 특별해서다. 잡지나 신문, 책을 보다가 눈에 띄는 부분이 있으면 찢어서 가방에 넣어둔다. 대부분 흔히 보기 힘든 정보들이고, 가방은 언제나 '이상한' 종이조각들로 가득하다. 집에 돌아오면 흩어진 정보들을 주제별로 나누어 정리하고 해당 파일에 스크랩한다. 외국에 나가면 스크랩 활동은 더 심해진다. 우리나라에서 볼 수 없는 정보와 자료가 넘쳐나기 때문이다. 신문과 잡지는 물론 영수증에 찍힌 광고 문구까지 스크랩 대상들이다. 단순한 관광이 아니라 학습 여행이기 때문에 언제 어디서나 내 귀와 눈은 활짝 열려 있고, 나의 레이더망에 잡히는 것들은 찬찬히 살펴보고 스크랩을 위해 챙겨둔다.

세상의 콘텐츠는 활자와 그림의 형태로 여기저기 널려 있다. 그대로 보고 지나치면 나와는 아무런 상관이 없는 무의미한 내용이지만, 그것을 가져와 정리하고 재편집하면 얼마든지 내 것으로 만들 수 있다. 내 책의 일부가 되고, 강의나 비즈니스 미팅에서 훌륭한 자료가 된다. '내가 그의 이름을 불러주었을 때 그는 나에게로 와서 꽃이 되었다'는 어느 시구처럼, 호기심의 눈으로 살피는 가운데 관심이 가는 것들을 끌어모아 재가공하면 나를 구해주는 든든한 동아줄로 삼을 수 있다.

특이하거나 이질적인 것들이 모여 새로움을 만든다. 생각지 못한 무언가를 접하는 순간 고정관념이 깨지게 되고, 그러한 경험을 직간접적으로, 많이 하다 보면 나도 모르게 몰랑몰랑한 상태가 되어 아무도 생각할 수 없는 아이디어를 떠올리게 된다. 다양성이 몰랑몰랑을 가능하게 한다. 몰랑몰랑은 잡종이다.

07

5127번째의 성공

│
완
벽
병
치
료
제

주변을 살펴보면 일을 미루고 미루다가 마감일이 다가와서야 벼락치기하듯 처리하는 사람들이 있다. 어찌어찌 일을 끝내는 걸 보면 그전에 충분히 해놓을 수도 있을 것 같은데, 가만히 있다가 시점이 임박해서야 일에 매달린다. 그런데 학창 시절의 벼락치기와는 양상이 다르다. 그때는 노느라 시험 준비를 하지 않다가 벼락치기를 하는 것이지만, 직장인들은 완벽주의 또는 완벽병에 걸려 일을 질질 끄는 경향을 보인다. 왜 그런 경향이 몸에 배게 되었을까?

완벽하고 싶다?

완벽병에 걸린 사람들을 만나 이야기해보면 공통적으로 읽히는 것이 있다. 실패에 대한 두려움이다. '결과가 안 좋으면 어쩌지?' 하는 생각으로 일에 착수하지 못한 채 시간을 보낸다. 그러면서도 완벽을 위한 강박증에 시달린다. 완벽을 기하겠다며 고민을 거듭하다가 아무것도 실행하지 않는 것이 완벽병이다.

그런데 여기서 묻고 싶다. 과연 세상에 완벽한 것이 있을까? 완벽한 존재란 신의 영역에 속하는 것이 아닐까? 완벽을 추구할 수는 있지만, 사람이 하는 일에서 완벽을 기대한다는 것 자체가 무리 아닐까? 어쩌면 불가능한 완벽에 집착해서 일을 진척시키지 못하는 게 아닐까?

여기서 우리가 생각해봐야 할 것이 또 하나 있다. 바로 '단선적 사고'의 위험성이다. 이를 잘 보여주는 사례가 있다. 15세기의 '정복자'로 알려진 메흐메트 2세 때의 이야기다.

오스만튀르크제국의 7대 술탄 메흐메트 2세는 천년의 요새로 일컬어진 비잔틴제국의 수도 콘스탄티노플을 함락하는 데 성공한다. 이때 결정적 역할을 한 무기가 대포였다. 대포의 위력에 감탄한 오스만튀르크 군대는 대포를 더 크고 무겁게 만들기에 주력한다. 그럴수록 대포가 더 완벽해진다고 생각한 것이다. 하지만 간과한 것이 있었다. 이동과 성능이었다. 길이가 8m를 넘고 500kg에 가까운 돌덩이를 1km 이상 날려 보낼 수 있는 초대형 대포를 만들었지만, 이동에 며칠이나 걸리고 설치에만도 하루를 꼬박 써야 했다. 게다가 사용 중에

파열되는 일까지 벌어졌다.

'성공의 덫'이라는 말이 있다. 성공을 가져다준 어떤 요소에 집착하여 실패를 자초하는 경우를 가리키는 말이다. 오스만튀르크도 난공불락의 요새를 무너뜨린 무기에 도취되어 오직 덩치 키우기만 생각한 나머지 더 중요한 다른 부분들은 염두에 두지 않았고, 그 결과 활용도가 떨어지는 대포 때문에 골치를 썩어야 했다. 단선적 사고에서 비롯된 패착이었다.

단선적 사고에서 벗어나 복선적이고 합선적인 사고를 할 수 있어야 한다. 어느 하나에 매몰되어 다른 것을 보지 못하는 우를 범하지 말고, 다양한 측면을 고려하고 서로 연결해서 사고할 줄 알아야 한다.

아이디어는 하나의 점처럼 단독으로 존재하는 것이 아니라 수많은 점들로 이루어진 선처럼 복합적으로 연결되어 있다. 홀로 떨어져 있는 것이 아니라 다른 아이디어들과 중첩되어 있다가 불현듯 떠오르게 된다. 아이디어가 실현되는 과정도 그렇다. 단번에 어떤 결과로 나타나는 것이 아니라 시도와 실패, 수정의 발전 단계를 거쳐 우리 앞에 모습을 드러낸다. 그런데 완벽병에 걸리면 그 과정을 이겨내지 못한다. 실패할지 모른다는 두려움이 발목을 잡아 더 이상 앞으로 나아가지 못하는 것이다.

사실 실패와 성공은 같은 선상에 놓여 있다. 실패 없는 성공이란 있을 수 없다. 실패를 두려워한다면 아무런 진전 없이 시간만 허비하게 된다. 우리가 흔히 천재라고 부르는 사람들이 남긴 예술 작품은 수많은 실패를 거듭한 끝에 탄생한 결과물이다. 완벽을 향한 충동이 없지 않았지만, 실패를 무릅쓰고 끝까지 나아갔기에 빛나는 작품을 창조할 수 있었던 것이다.

완벽의 벽에 가로막혀 실행에 나서지 못하는 개인이나 조직의 완벽병을 치료하려면 어떻게 해야 할까? 실패의 두려움을 극복하고 복합적인 사고로 일을 추진해나가려면 무엇이 필요할까?

디자인에서 가장 중요한 요소는?

완벽병의 가장 강력한 치료제는 몰랑몰랑이다. 몰랑몰랑은 실패에 대한 두려움을 없애주고 완벽주의를 극복하여 앞으로 전진할 수 있게 해준다. 이와 관련한 현장의 사례를 살펴보자.

기업들이 많이 활용하는 방식 가운데 베타서비스란 것이 있다. 프로그램이나 게임 등을 개발하고 나서 출시하기 전에 시험적으로 일반인에게 공개하여 오류를 점검하고 완성도를 높이기 위해 취하는 방식이다. 개발자들은 일의 속성상 완벽병에 걸리기 쉽다. 끝까지 완벽에 집착하는 경향을 보인다. 지나치게 많은 시간이 들고, 완제품은 언제 나올지 기약하기 어렵게 된다. 베타서비스는 그러한 취약점을 보완해준다. 비록 완벽한 상태가 아닐지라도 미리 소비자들이 사

용해보게 한 후 그들의 의견을 반영하여 제품을 완성하는 것이다. 몰랑몰랑하기에 가능한 일이다. 일본의 가이젠(개선)도 원리는 다르지 않다. 꾸준하게 개선하고 보완하여 더 좋은 상태로 나아가는 방법이다. 그들은 스스로 완벽하지 않다는 점을 인정하고 가이젠을 중심으로 디테일한 요소 하나하나를 고치고 다듬는 일을 주저하지 않는다. 완벽하기 위해 머리로만 고민하기보다 실행을 통해 작은것 하나라도 개선하는 편이 훨씬 더 낫다는 사실을 잘 알기 때문이다.

"한 번도 실패하지 않았다는 것은 새로운 일을 전혀 시도하고 있지 않다는 신호다."

미국의 영화감독 우디 앨런(Woody Allen)의 말이다. 몰랑몰랑은 실패를 두려워하지 않고 새로운 시도를 계속한다. 실패는 더 나아지는 과정이자 더 큰 성공을 가능하게 해주는 동력이라고 믿기 때문이다. 그런 의미에서 제임스 다이슨(James Dyson)은 몰랑몰랑의 대표 인물이라 할 수 있다. 날개 없는 선풍기, 먼지봉투 없는 청소기로 유명한 다이슨(Dyson)의 창업자이자 디자이너 겸 엔지니어인 그는 "실패는 디자인에서 믿을 수 없을 만큼 중요한 요소"라고 말한다. 그의 철학 아래 다이슨에서는 실수할 때마다 이를 더 좋은 디자인으로 만들 수 있는 기회로 활용한다. 이를 위해 새로운 제품을 만들 때마다 수백 개의 프로토타입(prototype)을 제작한다. 상품화에 앞서 성능을 검증하고 개선하기 위해 만든 시제품으로, 각각의 프로토타입에서 발견된 오류를 통해 아이디어를 얻고 끝까지 수정에 수정을 가함으로써 그들만의 혁신적 아이디어가 담긴 최종 제품을 완성한다. 일례로 먼지봉투 없는 청소기의 경우 프로토타입을 무려 5,127개나 만들었다고 한다. 시간과 노력이 얼마나 들어갔을지 가늠이 안 될 정도다. 만약 그들이 처음에 만든 프로토타입이 실패했을 때 실현 가능성이 없는 제품이라고 여겨 포기했더라면 지금의 다이슨은 없었을 것이다.

완벽하지 않다고 해서 실패로 간주해서는 안 된다. 실수나 실패를 배움과 보완의 호기로 생각하고 행동하는 몰랑몰랑이 필요하다.

차가운 반응을 이겨낸 연매출 10억 달러 제품

실패는 때로 엄청난 성공을 가져다주기도 한다. 아무도 예상하지 못한 우연이라는 이름으로 말이다.

검은 안경에 백발의 포니테일(ponytail)을 하고 전 세계의 패션계를 주름잡고 있는 칼 라거펠트(Karl Lagerfeld). 그는 우연적인 상황을 최대한 즐긴다고 말한다. 의도하거나 계획하지 않은 어떤 환경에서 창의적인 아이디어가 나오고 뜻밖의 발견을 하게 된다는 의미일 것이다. 알고 보면 그런 경우가 참으로 많다. 역사를 바꾼 위대한 법칙이나 시장에서 폭발적 인기를 누린 제품들 중에도 우연한 순간에서 비롯된 것이 적지 않다. 3M의 최고 히트 상품 중 하나인 포스트잇도 그랬다.

풀처럼 완벽하게 달라붙지 않고 쉽게 떼어낼 수 있는 메모지인 포스트잇은 지금은 누구나 편리하게 사용하고 있지만, 개발 당시만 해도 실패한 제품으로 취급받았다. 개발자는 3M에서 연구원으로 직장 생활을 시작한 스펜서 실버(Spencer Silver)라는 젊은 화학자였다. 그는 강력 접착제를 개발하던 중 우연히 접착력이 약한 접착제를 만들게 되었다. 잘 붙기도 하고 잘 떨어지기도 하는 신기한 접착제였다. 사내에 보고했지만 반응은 별로였다. 하지만 포기하지 않고 관련 세미나를 계속 열었다. 그러다가 접착제의 운명이 180도 바뀌는 순간이 찾아왔다. 같은 연구소에서 근무하는 아서 프라이(Arthur Fry)라는 연구원이 가능성을 알아차린 덕분이었다. 프라이도 처음에는 별 신경을 쓰지 않았는데, 자신이 다니는 교회 성가대에서 연습을 하다가 악보에 끼우는 서표(書標)가 자꾸 떨어지는 것을 보고 불현듯 실버의 접착제를 사용하면 어떨까 하는 아이디어를 떠올렸다. 이후 그는 연구 끝에 접착제를 바른 종이조각을 개발하고, 접착제의 강도를 계속 보완하여 마침내 오늘날의 포스트잇을 만드는 데 성공하게 되었다.

그런데 여기서 끝이 아니었다. 포스트잇이 처음 시장에 나왔을 때 사람들은 이런 것을 어디에 쓰느냐며 시큰둥한 반응을 보였다. 이 제품의 효용성을 제대로 알아본 것은 대기업의 비서들이었다. 프라이가 보낸 견본품을 써본 그들이 간단한 메모와 일정 표시에 더할 나위 없이 좋은 제품이라며 너도나도 구입하기 시작하면서 미국은 물론 전 세계에서 각광받게 되었던 것이다. 이렇게 포스트잇은 몇 번의 우연이 쌓이고 쌓여 연평균 10억 달러의 매출을 올리는 대박 상품으로 거듭날 수 있었다.

포스트잇은 3M의 조직문화도 뒤바꿔놓았다. 당시 3M의 CEO였던 윌리엄 맥나이트(William L. McKnight)는 포스트잇의 성공을 계기로 직원들의 아이디어를 존중하고 개개인의 의견을 다 같이 공유할 수 있는 열린 기업문화를 만들기 위해 주력했다. 또한 직원의 실수를 용납하지 않는 분위기가 기업의 창의성을 막을 수 있다는 사실을 깨달고, 실수를 수용하고 재해석하는 시스템을 구축했다. 실수로부터 탄생한 포스트잇의 교훈을 잊지 않은 것이다.

이와 같은 3M의 혁신적 시스템은 지금까지도 계속 이어져오고 있다. 어떤 아이디어가 채택되면 재무팀, 마케팅팀, 제조팀이 함께 모여 작은 회사를 만드는 '제품 챔피언 제도'나 직원들이 근무시간의 15%를 개인적인 흥미나 취미에 사용할 수 있게 배려하는 '15% 룰' 등이 대표적이다. 어디서 어떤 아이디어가 나올지 모르므로 최대한 직원들을 몰랑몰랑하게 만들려고 노력하는 것이다.

사실 실패에 대한 두려움은 누구나 가지고 있다. 성공하는 사람들에게도 있다. 하지만 그들은 실패의 두려움보다 아무것도 하지 않는데 대해 더 큰 두려움을 갖고 있다. 무언가를 이루기 위한 과정에서 나타나는 실수나 실패는 발전을 위한 필요 조건이라고 생각한다. 완벽을 추구하는 것은 좋은 태도이지만 그것이 지나치면 완벽병에 걸려 아무것도 하지 못하게 된다는 점을 늘 상기한다. 몰랑몰랑해야 가능한 이야기다.

그래도 완벽에 집착하겠는가?

08

무기여, 기다려라

— 주인공

해양 모험가라는 독특한 직함을 가진 사람이 있다. 김승진 씨다. 2001년 일본 후지TV 계열 방송국에서 카메라감독으로 일하기도 했던 그는 홀연히 하던 일을 떠나 바다라는 수평적 공간에서 활약하는 수평 탐험가로서 새로운 삶을 살고 있다. 경직된 삶에서 몰랑몰랑한 삶을 선택한 것이다.

그의 삶이 방향을 바꾸게 된 계기는 우연히 떠난 뉴질랜드 여행이었다. 여행을 하면서 바다를 맘껏 즐기며 여유롭게 살고 싶다는 생각을 하게 된 그는 뉴질랜드에서 돌아온 지 3개월 후 가족을 모두 데리고 뉴질랜드로 이민을 떠났다. 거기서 배를 타고 돔 낚시를 하고 있는데, 그때 옆으로 거대한 요트 한 대가 유유히 지나갔다. 연료도 없이 바람의 힘으로만 바다를 누비는 요트를 보는 순간 자기도 모르게

매료된 그는 그 길로 집을 팔아 요트를 사서 2010년 9월 자신의 요트
에 몸을 실은 채 뉴질랜드를 떠났다. 그로부터 7개월여 만인 2011년
4월 한국으로 돌아온 그는 자신을 해양 모험가로 소개하기 시작한
다. 그리고 2015년 국내 최초로 무기항·무원조 요트로 세계일주에
성공한다. 그의 도전은 여기서 멈추지 않았다. 2016년 12월 크로아티
아를 시작으로 2017년 8월 한국으로 돌아오는 대양항해 프로젝트에
뛰어들었다. 이번에는 혼자가 아니었다. 크로아티아, 스페인, 콜롬비
아, 폴리네시아, 웨스턴사모아, 사이판, 일본을 거쳐 충남 당진 왜목
항으로 들어오는 항해에 각 코스별로 170여 명의 일반인을 참여시켰
다. 그리고 261일 만인 2017년 9월 1일, 마침내 대항해의 마침표를
찍는 데 성공했다.

　일반 사람들의 눈에 그는 이해하기 힘든 삶을 사는 것으로 보일지
모른다. 하지만 그는 누구보다 인생을 몰랑몰랑하게 살고 있는 것이
다. 자신이 좋아하는 일을 하며 그것을 자신의 업으로 가짐으로써 일
의 노예가 아닌 주인이 되었기 때문이다. 몰랑몰랑은 이렇게 자신이
하는 일에 끌려다니지 않고 일의 주체가 되도록 만든다.

　최근 여행에 대한 관심이 높아지면서 좋아하는 여행을 하며 돈도
벌고 싶어 하는 젊은이들이 늘고 있다. 여행을 비롯해 자신의 취미를
직업으로 삼는 것은 많은 사람이 바라는 바이기도 하다. 즐기며 돈을
벌 수 있다는데 누가 싫어하겠는가. 하지만 자신이 좋아한다고 해서

섣불리 뛰어들어서는 안 된다. 좋아하는 일이라 해도 생활의 수단이 되어버리면 재미는 반감되고 부담은 커지게 된다. 여행이 즐거운 것은 쳇바퀴처럼 돌아가는 일상을 벗어나 온전히 나를 위한 시간을 가질 수 있기 때문이다. 하지만 이것이 직업이 되면 차원이 달라진다. 나를 위한 시간이 아니라 남들을 위한 시간을 살아야 하기 때문에 즐거움보다는 스트레스를 받을 때가 많아진다. 특히 여행에 관한 자신만의 전문성이 없을 경우에는 그 정도가 배가될 수밖에 없다.

매일 450g을 먹고 초콜릿 감정사로

어떤 일에서든 전문성을 갖추지 못한 사람은 일의 지배를 받기 마련이다. 일에 치여 끌려가는 삶을 살게 되고, 일에서는 물론 삶에서도 스트레스가 가중된다. 쉽게 지치고 그만두고 싶다는 생각만 가득하게 된다. 자신이 하는 일의 주인으로 살고 싶다면, 기계의 부속품처럼 일의 지배를 받는 삶에서 탈피하고 싶다면, 먼저 굳어진 생각과 행동을 몰랑몰랑하게 만들어야 한다.

현재의 일과 삶을 몰랑몰랑하게 만드는 방법은 거창할 필요가 전혀 없다. 작은 일에서부터 스스로 주체가 되어 진행하는 것으로 시작하면 된다. 예를 들어 오늘 업무 지시를 받았다면 늘 해오던 방식으로 하지 말고 자신의 기준을 세워 그에 맞게 수행해보는 것이다. 혼자서 해결할 수 있는 부분, 도움을 받아야 할 부분, 함께 해야 할 부분 등으로 나누고 그에 따르는 실천 사항을 메모하여 정리한다. 아주 간단해 보이지만, 이렇게 하는 것만으로도 일을 주도적으로 해나갈 수 있는 힘이 생긴다.

그다음은 앞에서도 강조한 전문성을 키우는 일이다. 시간의 지배자로 일과 삶을 주도하려면 무엇보다 자신만의 능력이 있어야 한다. 다른 사람들이 대신하기 어려운 차별적 경쟁력, 즉 자신만의 무기를 가져야 한다.

초콜릿을 너무 좋아해서 하루에 450g의 초콜릿을 먹어가며 끊임없이 연구해온 인물이 있다. 편의점에서 쉽게 구입할 수 있는 막대 모양의 초콜릿이 30g이니 매일 15개를 먹은 셈이다. 하루도 거르지 않고 그 많은 양의 초콜릿을 섭취하고 소화시킨 주인공은 클로에 디 루셀(Chloe D. Roussel)이다. 그녀는 광적이라 해도 좋을 정도의 '애정'으로 마침내 초콜릿을 자신의 무기로 만들 수 있었다. 세상에는 그녀 말고도 초콜릿을 좋아하고 공부하는 사람이 많을 것이다. 하지만 그녀처럼 하는 사람이 있을까? 자신이 좋아하는 것을 끝까지 밀고 나가 남들이 넘보기 힘든 어떤 수준에 도달하는 사람이 얼마나 될까? 클로에는 달랐다. 꾸준히 자신의 길을 걸어가 마침내 특별한 무기를 만들어냈다. 자신의 이름으로 브랜드를 출시하고, 책을 집필했으며, 스스로 초콜릿 감정사라는 새로운 길을 개척했다.

흔히 인생의 무기라고 하면 뭔가 대단한 일을 벌여야 하는 것으로 알고 있지만, 결코 아니다. 자신이 갖고 있는 장점이 될 수도 있고, 자신만의 개성이나 관심사가 될 수도 있다. 누구나 자신의 무기를 가질 수 있다. 관건은 끝까지, 무기가 될 때까지 해보는 것이다. 클로에처럼 배우고 실천해서 미완의 무기를 강한 무기로 만들면 된다.

일의 주인공으로 사는 법

'아이디어닥터 이장우 박사'라는 브랜드로 활동하는 내게 사람들이 궁금해하는 것들이 있다. 그중 하나는 바쁜 일정 속에서 어떻게 끊임없이 새로운 분야를 공부할 수 있느냐는 것이다. 특별한 비결은 없다. 공부를 위한 시간을 만드는 것뿐이다. 나의 경쟁력은 학습이라고 생각하기에 아무리 바빠도 학습을 위한 시간을 따로 비워둔다. 치즈를 배우려고 3주 동안 프랑스의 치즈학교에 다닌 적도 있다. 1인 기업가인 나에게 3주라는 시간은 진행하고 있는 일에 적지 않은 타격을 줄수도 있는 시간이지만, 미래를 위한 투자로 생각하고 과감하게 한국을 떠났다. 그렇다고 일에서 손을 놓는 것은 아니다. 프랑스에서는 교육을 받고 나서 스마트폰으로 한국의 일을 보았다. 처음부터 학습과 업무를 병행한 건 아니지만, 이내 익숙해질 수 있었다. 나의 무기라고 할 수 있는 학습지능 덕분이었다.

그는 일의 주인으로 살고 있었다. 이탈리아 치즈 농장.

학습지능은 신기하다. 학습을 지속할수록 더욱 커지고 강해진다. 처음보다는 다음에, 다음보다는 그다음에 능률과 효과가 향상된다. 그러면서 학습이 더욱 수월해지고 더 많은 여유 시간을 가질 수 있게 된다. 내가 분주한 일상 속에서도 계속해서 새로운 분야를 배우고 익히며 가지고 있지 않았던 새로운 무기를 만들어나갈 수 있었던 비결 아닌 비결이 여기에 있다.

1인 기업가로 자신의 일을 하면 인생의 주인으로 살 수 있지 않느냐고 말하는 사람이 있을지도 모르겠다. 하지만 잘 모르고 하는 소리다. 처음부터 끝까지 모든 일을 혼자서 감당해야 하기 때문에 오히려 일에 끌려다니게 될 가능성이 크다. 사적인 시간과 업무시간의 경계가 없이 하루 종일 일에 매달리는 경우도 다반사일 수 있다. 언뜻 보면 일의 주인공이 나일 수 있지만 오히려 반대의 삶을 살게 될 수도 있다. 그런데 몰랑몰랑하면 이야기가 달라진다. 주체적으로 일하면서 일의 중요도와 우선순위를 명확히 구분하여 학습과 휴식의 균형을 잡으면서 나만의 시간을 즐길 수 있다.

몰랑몰랑은 창의력과 상상력만을 말하지 않는다. 인생의 주인으로 사는 것 또한 몰랑몰랑이다. 그러려면 사고를 유연하게 하고 학습을 지속할 수 있어야 한다.

사람을 미치게 만드는 소울사이클의 매력

기업가가 아닌 피고용인이 주인공이 되어 일을 즐기는 대표적인 예가 있다. 미국의 소울사이클(Soul Cycle)에서 일하는 '록 스타(rock star)'들이다. 소울사이클은 실내 자전거를 타는 헬스클럽으로, 스피닝(spinning) 운동을 하는 곳이다. 음악을 들으며 자전거 타기와 댄스를 하는데, 미국은 물론 우리나라에서도 많은 인기를 끌고 있다.

소울사이클에서는 나이트클럽처럼 어두운 조명을 한 실내에서 수업시간 45분 내내 쩌렁쩌렁 음악이 나온다. 여기서는 운동을 도와주는 코치를 록 스타라고 부르는데, DJ처럼 헤드셋을 끼고 운동하는 사람들의 흥을 돋우며 미친 듯 격하게 몸을 움직이도록 유도한다. 그들의 역할은 일반 헬스클럽의 코치와 다르다. 록 스타별로 자신의 콘셉트에 따라 특정 음악을 틀거나 한 가수의 음악만 고집하기도 한다. 따라서 그들에게는 분위기를 제대로 리드하는 센스와 함께 음악을 선별하는 능력이 필요하다. 그들을 록 스타라고 부르는 이유다. 경력도 다양하다. 운동뿐만 아니라 패션 전공 학생, 그래픽 디자이너, 댄스 가수 출신이 함께 일하고 있다. 그들은 자신의 스타일대로 고객들의 운동을 이끌어가며 스스로 일의 주인이 되어 매 순간 최선을 다한다. 고객들은 자신의 취향에 따라 선택하면 된다.

소울사이클은 록 스타들에게 마음껏 시도할 수 있는 기회를 제공하고 스스로 음악과 운동을 결정할 수 있는 권리를 부여한다. 자유롭게 몰랑몰랑하게 일할 수 있게 해주는 것이다. 소울사이클이 큰 인기를 끌며 고객과 록 스타, 헬스클럽 모두에게 좋은 영향을 미치는 것은 당연한 결과다.

매달 나오는 급여에 중독되어 할 수 없이 일하는 사람은 생각이 유연할 수 없다. 사람은 쥐어짜야 결과를 내는 존재라는 관념으로 조직을 운영하는 리더 밑에서는 노예근성만 무성할 뿐이다. 스스로 나서서 일의 주인이 되고, 환경을 조성하여 구성원들을 일의 주인공으로 만들어야 한다. 경영에서 이보다 중요한 일도 없다.

09
레몬은 어떻게 레모네이드가 되었을까?

|
몰
입

'불 보듯 뻔하다'라는 말이 있다. 어떤 일에 대해 아직 확인되지 않았지만 충분히 짐작할 수 있다는 뜻으로 쓰인다. 하지만 이보다 위험한 말도 없다. 상상을 초월할 정도로 빠르게 변하는 세상에서 어제의 상식이 오늘에는 통하지 않을 수 있기 때문이다. 고급 구두·가방 브랜드 지미 추(Jimmy Choo)를 설립하여 세계적으로 명성을 날리던 디자이너 지미 추도 더 이상 해당 브랜드의 디자이너가 아닌 다른 길을 걷고 있다. 패션계뿐만 아니라 모든 흐름이 순식간에 뒤바뀌는 세상이다. 척 보면 안다는 식으로 선입견을 가지거나 미리 결론을 내리면 절대 안 된다.

얼음이 녹으면 봄이 온다

아이디어의 세계에서도 위험한 편견을 쉽게 발견할 수 있다. 창조적 아이디어는 천부적 능력을 가지고 태어난 사람들만 내놓을 수 있다는 견해도 그중 하나다. 그렇지 않다. 성별과 연령, 국가와 민족에 관계없이 누구나 세상을 바꿀 특별한 아이디어를 떠올릴 수 있다. 그것이 아주 우연한 기회에 이루어지기도 하는데, 이 때문에 간혹 생각지 못한 문제가 발생한다. 어쩌다 얻게 된 아이디어에 도취되어 자기가 무슨 대단한 사람이라도 된 양 착각하고 계속 그 상태에 머물러 있으려고 하는 것이다. 하지만 세상은 그리 호락호락하지 않다. 누구나 시장을 선도하는 아이디어를 낼 수 있지만, 똑같은 일이 계속해서 반복되는 것은 아니다. 크게 성공한 브랜드가 오랫동안 소비자들에게 사랑받지 못하고 얼마 안 가 외면당하는 경우가 얼마나 많은가.

한때의 기발한 아이디어가, 한 번의 성공이 모든 것을 말해주지 않는다. 거기서 끝이 아니라는 말이다. 시장은 변하고 소비자들도 바뀐다. 아이디어든 성공이든 머물러 있어서는 안 된다. 착각하기 쉬운 자신을 일깨워 항상 새로운 시각으로 변화되는 흐름을 파악하고 그에 대응해나가야 한다.

어느 초등학교에서 선생님이 아이들에게 질문을 했다.

"여러분, 얼음이 녹으면 뭐가 될까요?"

아이들이 손을 들고 저마다 대답하기 시작했다. "물요", "작은 얼음요"라고 말하는 아이가 대부분이었다. 선생님이 기대한 대답도 다르지 않았다. 그런데 한 아이가 손을 번쩍 들더니 이렇게 말했다.

"봄이 와요!"

전혀 예상치 못한 아이의 대답에 선생님도 다른 아이들도 한동안 멍하니 있었다. 참으로 창의적인 아이가 아닐 수 없다. 그 아이가 더욱 대단한 것은 변화하는 사물의 흐름을 이해하고 그것을 계절과 연결시켰다는 점이다. 얼음이 있다가 없어지는 흐름을 읽고 겨울이 지나 봄이 온다는 생각을 한 것이다.

창의적이기를 바란다면 어떤 변화를 흐름의 시각에서 바라보고 집중하는 노력이 필요하다. 그 과정을 구체화하면 일정한 프로세스가 나타난다. 그것은 우리가 몰랑몰랑해지는 과정이기도 하다.

아이디어 탄생의 프로세스

몰랑몰랑은 다음의 프로세스를 통해 얼마든 자신의 것으로 만들 수 있다. 아이디어를 도출해낼 수 있게 도와주는 이 프로세스는 우리를 몰랑몰랑한 상태로 인도한다. 다름 아닌 'S-D-W 프로세스'다. Sponge(스폰지)-Digest(다이제스트)-Weave(위브) 각각의 앞글자를 따서 붙인 이름이다.

아이디어를 도출하는 첫 번째 단계는 스폰지(Sponge)다. 자신의 스펙트럼을 넓혀 스스로를 자극하고 채워가는 단계로, 다양한 경험과 학습을 통해 정보와 지식을 흡수하는 것이다. 스폰지가 물을 빨아들이는 것처럼 말이다. 창의력은 무에서 유를 만드는 것이 아니다. 축적된 것들이 상호작용을 일으키고 숙성되어 남들이 이제껏 생각지 못한 것을 생각해내는 것이다. 축적이 없으면 아이디어도 나오지 않는다. 이 단계에서 중요한 것은 질문이다. 무언가를 보거나 알게 되었을 때 의문을 갖고 질문하고 확인하는 자세가 필요하다. 그래야만 자신에게 맞게 섭취할 수 있다. 이와 관련하여 개그우먼 김신영 씨의 에피소드를 소개한다.

"한참 다이어트에 목숨을 걸 때 한동안 야채만 먹은 적이 있었어요. 근데 생각보다 살이 안 빠지는 거예요. 그래서 저희 어머니에게 하소연을 했는데, 어머니가 정확하게 이야기해주시더라고요. '아무리 건강에 좋고 칼로리가 낮은 야채라도 너처럼 많이 먹으면 살이 빠지겠니?'라고 말씀하셨어요. 하하하."

김신영 씨의 이야기는 우리가 섭취해야 할 지식의 질과 양에 대해서도 적절한 힌트를 제공한다. 무조건 많은 지식을 습득한다고 해서 반드시 좋다고 말할 수 없다. 아는 게 많아도 몰랑몰랑해지지 않으면 별 소용이 없다. 아무런 아이디어도 내지 못하는 지식을 어디에 쓰겠는가. 자신의 몸에 맞는 음식을 적당히 섭취할 때 건강한 삶을 살 수 있듯이, 스스로 체화할 수 있을 만큼 정보와 지식을 습득하는 것이 중요하다. 무조건적인 습득에만 몰두하여 획기적인 아이디어를 흘려보내는 어리석음을 범하지 않기를 바란다.

두 번째 단계인 다이제스트(Digest)는 스폰지처럼 빨아들인 정보와 지식을 자신의 것으로 체화하는 단계다. 아무리 많이 배우고 경험했더라도 자신의 것으로 소화하지 못하면 아이디어가 나올 수 없다. 많은 이들이 스폰지 단계를 훌륭히 통과하고도 다이제스트 단계를 제대로 거치지 못해 아이디어 도출에 어려움을 겪는다. 이때에도 흐름에 주목해야 한다. 앞에서 습득한 지식과 정보를 단순히 앎의 차원에 묶어두지 말고 곱씹어보고, 실제로 적용해보고, 다양한 방법으로 연결시켜보면서 그 속에서 어떤 상호작용이 일어나는지를 점검하고 성찰한다.

마지막으로 세 번째 단계인 위브(Weave)는 자신이 체득한 정보와 지식을 바탕으로 아이디어를 도출하는 것을 말한다. 아울러 아이디어를 구현하여 새로운 무언가를 만들어내는 것까지를 포함한다. 미국의 영화배우이자 코메디언인 론 화이트(Ron White)가 "삶이 당신에게 레몬을 준다면 당신은 레모네이드를 만들어야 한다"고 말한 그대로다. 스폰지와 다이제스트를 거쳐 레모네이드라는 아이디어를 내놓고 실제로 만들어보는 것이다. 아이디어는 그 자체로도 가치가 있지만, 실행을 통해 구체적 성과물로 나타나야 비로소 온전한 가치를 인정받을 수 있기 때문이다.

이와 같은 S-D-W 프로세스는 아이디어의 탄생과 완성을 100% 설명해주는 절대 공식이라고 할 수는 없다. 그 안에 여러 가지 복합적인 함수가 존재한다. 하지만 이 프로세스를 계속해서 이어지는 흐름의 맥락으로 이해하고 실행하면 창의적 아이디어의 원천인 몰랑몰랑을 키우고 발현할 수 있다.

몰랑몰랑은 한두 번의 시도로 다다를 수 있는 영역이 아니다. 처음에 계획한 대로 스폰지(S)와 다이제스트(D) 단계를 거쳤다고 해서 곧바로 위브(W) 단계로 넘어갈 수 있는 것도 아니고, 아이디어를 성공적으로 구현했다고 해서 다음에도 똑같은 성공을 거두리라는 보장도 없다. 몰랑몰랑은 정형화된 법칙이나 프로세스를 넘어서는 개념이다. 필요한 정보와 지식을 지속적으로 습득하고, 체화하고, 실행하는 과정이 이어지는 속에서 몰랑몰랑이 발휘되고 아이디어가 생명력을 얻게 된다는 사실을 명심해야 한다. 즉, 몰입의 흐름이 몰랑몰랑을 낳는 것이다.

재구매율 90%의 비결

몰입의 흐름을 지속함으로써 새로운 브랜드 창출에 성공한 기업이 있다. 면도용품 세트를 정기적으로 제공하는 비즈니스모델(Subscription Commerce, 정기배송 서비스)로 바람을 일으킨 워커앤드컴퍼니(Walker & Company)라는 기업이다. 이 모델은 창업자인 트리스탄 워커(Tristan Walker)가 S-D-W 프로세스를 적용하여 탄생시켰다.

워커는 월스트리트의 금융회사 리먼브라더스의 금융 부문에서 인턴으로 일하던 중 상사로부터 지적을 받는다. 수염 때문이었다. 흑인인 워커는 백인과 달리 면도할 때 어려움이 있었다. 시중에서 판매되는 다중면도날 면도기가 곱슬곱슬한 수염에는 잘 맞지 않아서였다. 백인들처럼 곧게 자라는 수염에는 효과적이었지만, 흑인들이 사용하기에는 불편한 점이 많았고 면도 후에 염증으로 고생하는 경우가 80%에 달했다. 워커는 상사의 지적에 따라 시정하는 것에 그치지 않고 문제의 면도기에 집중했다. 자신을 비롯한 흑인 남성들이 면도기 때문에 어려움을 겪고 있는 현실을 개선하는 방법을 모색한 것이다. 그는 마트에 진열되어 있는 다양한 면도기를 비교해가며 흑인 남성들을 위한 면도기의 필요성을 더욱 절감하게 되었다. 그러다가 월스트리트를 떠나 실리콘밸리의 다른 회사로 자리를 옮겼는데, 마침 맡은 일이 신사업 아이템 개발이어서 자연스럽게 면도기를 떠올리게 되었다. 이때 그에게는 몇 가지 선택지가 있었다. 자신의 아이디어를 누군가에게 팔 수도 있었고, 면도기가 아닌 염증 치료제를 개발할 수도 있었다. 하지만 그가 최종적으로 선택한 길은 면도 때문에 고생하는 사람들을 위한 건강미용회사를 차리는 것이었다. 그렇게 해서 워커앤드컴퍼니가 세상에 모습을 드러냈다.

워커는 자신과 같은 흑인들을 위한 미용제품을 생산하는 것만이 아니라 판매하는 방식에서도 몰랑몰랑의 힘을 발휘했다. 기존의 마트를 통하지 않고 정기배송 서비스라는 전혀 새로운 유통 방법을 사용한 것이다. 소비자들이 회원 가입을 하고 29.95달러를 지불하면 30일 동안 사용할 수 있는 스타터 키트(Starter Kit)를 보내준다. 여기에는 면도기와 면도날, 브러시, 오일, 면도크림이 들어 있다. 그리고 그다음 달부터는 매월 29.95달러를 회비로 받고 90일마다 면도용품 세트를 제공한다. 이뿐만이 아니다. 면도하는 방법을 안내하는 책자와 함께 면도와 관련한 다양한 이야기들을 전달하고, 유명인들이 면도하는 모습을 담은 동영상까지 보여준다. 결과는 놀랍다. 워커앤드컴퍼니의 서비스를 신청하는 소비자가 매달 50% 이상 증가하고 재구매율이 90%에 달할 정도로 시장의 사랑을 받게 되었다. 이 모두가 몰입의 흐름에 충실했던 워커의 몰랑몰랑에서 나온 것이다.

면도기는 기존에 없던 제품이 아니다. 하지만 트리스탄 워커는 소비자들이 겪고 있는 불편함에 주목하여 S-D-W 프로세스를 줄기차게 실행함으로써 창의적인 아이디어 제품을 만들고 세상을 바꾸는 삶을 살게 되었다.

천재 불변의 법칙

몰입 이론의 창시자인 미국의 심리학자 미하이 칙센트미하이(Mihaly Csikszentmihalyi)는 몰입을 플로(flow)로 묘사한다. 자연스럽게 흐르는 물처럼 어떤 행동을 지속할 때 몰입이 이루어진다는 것이다. 삶이 고조되는 순간이다. 몰입은 또한 의식이 경험으로 꽉 차 있는 상태다. 자신이 느끼고 생각하고 바라는 것이 하나로 어우러져 어떤 조화를 이루는 상태를 말한다. 다시 말해서 이루고자 하는 목표에 맞추어 살아가다 보면 몰입하게 되고, 그것이 일정한 흐름의 형태를 보인다는 뜻이다. 바로 몰랑몰랑의 모습이다.

이미 말했지만 몰랑몰랑은 꾸준함의 결과다. 우리가 몰랑몰랑해지지 않는 것은 작심삼일의 한계를 넘어서지 못했기 때문이다. 일시적이거나 간헐적인 노력으로는 원하는 목표를 달성할 수도 없거니와 몰랑몰랑은 더 말할 나위도 없다. 꾸준한 노력과 시도가 가장 중요하다. 창의적인 아이디어도 그렇게 탄생하는 것이다. 마술사의 모자에서 갑자기 푸드득 튀어나오는 비둘기처럼 어느 순간 번쩍 솟아나는 마법의 결과가 아니다. 아르키메데스가 "유레카!"를 외치며 목욕탕에서 뛰쳐나온 것은 그냥 앉아 있다가 순간적으로 부력의 법칙을 발견해서가 아니다. 금관이 진짜인지 가짜인지 알아내라는 왕의 지시를 받고 불철주야 궁리하고 궁리하다가 목욕탕에서 흘러넘치는 물을 보고 해결의 실마리를 찾은 것이다. 아르키메데스뿐만 아니라 우리가 아는 모든 발명가들이 그러했다. 천재적인 머리로 어떤 아이디어를 금방 생각해낸 것이 아니라 실험과 관찰의 오랜 준비 끝에 비로소 창의적 아이디어를 얻을 수 있었다. 토머스 에디슨도 말하지 않았던가. "천재는 99%의 노력과 1%의 영감으로 만들어진다"고. 물론 노력한다고 해서 천재가 되거나 영감이 떠오르는 것은 아니라고 말할 수도 있지만, 노력하지 않으면 아무것도 이룰 수 없다는 것은 분명한 사실이다. 99%의 노력이 창의적 아이디어가 찾아올 확률을 높여준다.

노력을 계속하면 몰입하게 되고, 몰입의 흐름에 충실하면 나도 모르게 몰랑몰랑해진다. 창의적으로 사고하게 되고 그 속에서 탁월한 아이디어가 모습을 드러낸다. 천재가 아니라도 말이다.

10
'판'을 바꾸다

| 비 주 류

　세상에는 주류와 비주류가 있다. 사람마다, 사회마다, 분야마다 분류 기준은 다를 수 있지만, 통상적으로는 전체의 흐름을 이끌어가는 부류를 주류라 일컫는다. 사회에서는 상류층이, 정치에서는 여당이, 시장에서는 선도 기업이나 히트 상품이, 기업에서는 경영진을 비롯한 리더 그룹이 주류라고 할 수 있다. 그들의 의견과 판단을 중심으로 세상이 돌아간다. 그에 비해 비주류는 의사결정 과정에서 소외되거나 세간의 주목을 받지 못하기 일쑤다. 주류가 중심을, 비주류가 주변을 이루는 것이 우리가 익히 아는 세상의 '판'이다.

　판은 이미 굳어진 상태나 형세를 의미한다. 사회나 분야를 막론하고 짜인 판이 있다. 브랜드 마케팅 측면에서 보면 시장을 움직이는 지배적 질서라고 말할 수 있겠는데, 대부분 독점적 기업들이 시장의 판을 장악하고 있다. 이러한 판은 쉽게 바뀌지 않는다. 주류의 영향력이 강력할뿐더러 사람들의 인식을 바꾸기가 어렵기 때문이다. 그래서 성취의 길은 간단치가 않다.

학자들은 무언가를 성취하려 한다면 2가지 길 중에서 하나를 선택해야 한다고 말한다. 하나는 세상의 지배적 질서에 철저히 순응하는 길이고, 다른 하나는 그것을 넘어서는 길이다. 다시 말해서 주류의 길에 편승할 것인가, 아니면 도전하는 비주류의 길을 선택할 것인가의 문제다. 기존의 판을 강화하고 확대하는 길을 가든가, 아니면 그 판을 바꾸어 새로운 판을 만드는 길에 도전할 수 있어야 바라는 것을 이룰 수 있다는 이야기다.

시장에 새로운 바람을 일으킨 '감성 쓰레기'

주류가 아닌 비주류로 바람을 일으켜 성공한 브랜드가 있다. 가방으로 유명한 프라이탁(Freitag)이다. 일명 '감성 쓰레기'로 불리며 큰 인기를 누리고 있는 이 가방 브랜드는 작은 일상의 불편을 해결하려는 소박한 시도에서 출발했다.

스위스 취리히에 마커스(Markus) 프라이탁과 다니엘(Daniel) 프라이탁 형제가 살고 있었다. 비가 자주 내리는 도시에서 자전거로 출퇴근을 하던 그들은 비가 올 때마다 가방 때문에 어려움을 겪어야 했다. 아무리 조심해도 비에 젖기 일쑤였고, 휴대하기도 이만저만 곤란한 게 아니었다. 비에 젖지 않고 자전거를 탄 상태에서 편하게 착용할 수 있는 가방이 필요했다. 방수도 되고 착용이 편리한 가방이 없을까를 고민하던 형제에게 아이디어 하나가 떠올랐다. 대형 트럭이 사용하는 방수천을 활용해보면 어떨까 하는 것이었다. 트럭의 방수천은 대략 5~10년 정도 사용하다가 그냥 버려지고 있었다. 프라이탁 형제는 곧바로 방수천들을 수거해서 깨끗하게 세척한 후 자신들이 원하던 가방을 만들기 시작했다. 디자인은 화려하지 않았지만 자전거를 타거나 걸어 다닐 때 휴대하기 편한 가방이었다. 그렇게 해서 1993년 10월, 최초의 프라이탁 제품인 메신저백이 탄생했다.

반응은 어땠을까? 방수와 편리성을 충족시키는 가방에 대해 사람들이 보인 첫 반응은 "왜 이렇게 더러워?"였다. 새것처럼 보이지 않는다는 것이었다. 우려한 대로였다. 그런데 트럭의 방수천으로 만든 가방이라고 하니 반응이 확연히 달라졌다. 버려지는 방수천으로 만든 가방이라면 희소성도 있고 그 자체로 특별한 멋이 느껴진다고 말했다. 판이 바뀌는 순간이었다. 흔히 재활용제품이라고 하면 어딘지 모르게 낡고 뒤처진 이미지를 떠올리게 마련인데, 프라이탁 형제가 그러한 이미지를 뒤바꾸어 그 자체로 멋있고 독특한 브랜드를 선보이게 된 것이다. 이후 프라이탁은 방수천을 재활용해서 만든 세계 유일의 가방으로 큰 인기를 끌며 전 세계에 걸쳐 마니아층을 거느리게 되었다. 더불어 재활용제품에 대한 소비자들의 고정관념을 깸으로써 시장의 판도를 바꾸는 결과를 낳기까지 했다.

재활용제품은 많다. 하지만 프라이탁처럼 유명 브랜드로 자리매김한 사례는 찾아보기 어렵다. 그 이유는 가방의 희소성이라는 요인 외에 또 있다. 재료의 고유성을 살렸다는 점이다. 프라이탁은 방수천을 세척하는 것 외에 다른 작업을 하지 않는다. 재료 고유의 특성을 살리기 위한 것으로, 신상품처럼 보이기 위해 재료를 가공하거나 색을 칠하는 등의 공정을 추가한 기존의 재활용제품과 달리 재활용품 자체를 가장 잘 보여줄 수 있는 방법을 선택한 것이다.

시장의 판을 바꾼다는 것은 획기적이고 혁신적인 일이다. 하지만 그 출발은 작고 우연한 기회인 경우가 적지 않다. 반드시 대단한 아이디어와 엄청난 노력이 있어야만 가능한 일이 아니다. 그렇게 생각한다면 뭔가 오해하고 있거나 착각하고 있는 것이다.

포드자동차를 버리고 '외로운 행성'을 차린 부부

자신만의 길을 가는 것도 판을 바꾸는 길로 이어지는 경우가 많다. 물론 그것은 사람들이 원하는 것들을 충족시켜주는 무언가를 담고 있어야 한다. 바로 론리 플래닛(Lonely Planet)이 그랬다.

미국 젊은이들 사이에서 배낭여행이 유행처럼 번져나가던 1970년

대. 론리 플래닛은 젊은 여행자들을 위한 정보와 경험을 제공하는 출판사로 시작되었다. 독립적인 여행 안내서의 영역을 새롭게 개척한 것이다. 당시로서는 획기적인 일로, 아무도 가보지 않은 길이었다.

론리 플래닛의 창업자인 토니 휠러(Tony Wheeler)와 모린 휠러(Maureen Wheeler)는 부부 사이다. 영국의 런던비즈니스스쿨을 졸업한 토니 휠러는 포드자동차 입사를 앞두고 있었다. 그런데 '사고'를 쳤다. 입사를 포기하고 결혼한 지 9개월밖에 안 된 신부 모린과 함께 중고차를 끌고 여행을 떠난 것이다. 신랑 25세, 신부 21세였다. 일반 사람들이 보기엔 미쳤다고 할 수도 있는 선택이었다. 하지만 그들은 부모님에게 "1년 뒤 돌아오겠습니다"라며 자신들의 길을 가기 시작했고, 그 1년이 2년이 되고, 2년이 3년, 3년이 평생이 되었다.

부부는 유럽 대륙과 터키를 거쳐 아시아 전역을 둘러본 뒤 호주까지 여행하는 자유의 대장정을 무사히 마치고, 호주 시드니에서 일자리를 구한 뒤 조그만 아파트를 마련했다. 그때였다. 만나는 사람들마다 그들에게 여행에 대해 묻기 시작한 것이었다. 어떻게 여행했는지, 비용은 얼마나 들었는지, 방문한 나라나 도시 가운데 위험한 곳은 어디인지, 어디가 아름다운지 등을 끊임없이 물어왔다. 수많은 질문에 답해주던 부부는 자연스럽게 아이디어 하나를 떠올리게 되었다. 자신들이 알게 된 사실이나 느낀 내용들을 정리하여 책으로 내면 좋겠다는 것이었다. 여행 정보를 직접 판매한다는 아이디어는 지금으로서는 평범해 보일지 모르지만, 당시에는 생각하기 어려운 것이었다. 여행을 다녀온 사람들은 궁금해하는 사람의 질문에 답해주는 정도가 대부분이었고, 자신이 직접 책을 집필하고 발행하는 경우는 거의 찾아볼 수 없었다. 그에 비해 부부는 몰랑몰랑했고, 마침내 첫 번째 여행 안내서인 《저렴한 가격에 아시아를(Across Asia on the Cheap)》을 출판할 수 있었다.

토니와 모린의 몰랑몰랑은 출판사 이름을 짓는 과정에서도 드러난다. 토니가 자신이 좋아하는 노래의 가사를 잘못 기억하는 바람에 '외로운 행성'이라는 뜻의 론리 플래닛(Lonley Planet)이 탄생한 것이다. 모린이 원래 가사는 'lonely planet'이 아니라 'lovely planet'이라고 알려주었는데, 토니가 사랑스러운 행성보다 외로운 행성의 느낌이 더 낫다고 말하고 모린이 받아들여 특별한 이름의 출판사가 세상에 나오게 되었다.

지금은 두 사람이 론리 플래닛의 지분을 매각하고 경영에서 물러난 상태지만, 그들은 여전히 같이 혹은 따로 세계 곳곳을 여행하고 있다.

잡지 세계의 판을 바꾼 종이 잡지

출판계에서 여행 안내서의 판을 바꾼 론리 플래닛과 유사한 사례가 또 있다. 잡지의 상식뿐만 아니라 구독자들의 라이프스타일까지 바꾸는 데 성공한 〈모노클(Monocle)〉이다.

2007년 영국에서 타일러 브륄레(Tyler Brule)가 창간한 이 잡지는 독창적인 기사만을 싣겠다는 철학으로 전 세계를 여행하며 독특하고 신선한 콘텐츠를 만들어내고 있다. 언어는 영어만 사용한다. 다양한 언어권의 독자들을 대상으로 하지만, 자신들이 가장 잘 표현할 수 있는 언어로만 기사를 작성한다는 방침을 고수한다. 디자인도 기본에 충실한 것으로 만족한다. 종이 형태로만 발행하는 것도 특이한 점이다. 스마트폰이 생활화된 디지털 시대에는 전자책 형태로 볼 수 있게 하는 것이 자연스러운 일인데도 잡지 그 자체에 집중하기 위해 종이 잡지를 고집한다고 한다.

세상이 변한다고 해서 반드시 그 흐름을 따라야 하는 것은 아니다. 변화와 상관없이 전통을 고수하거나 제품의 고유성에 충실하는 것도 하나의 해답이 될 수 있다. 이미 언급했듯이 남들이 말하는 정답을 추종하지 않고 자신의 가치에 맞게 비즈니스를 해나가는 것이 몰랑몰랑이다. 그런 의미에서 〈모노클〉은 대표적인 사례로 손색이 없다.

〈모노클〉은 판매 방식에서도 다른 잡지들과 다른 길을 선택했다. 잡지를 낱권으로 구입할 때의 가격은 5파운드인데, 1년 정기구독을 신청하면 75파운드다. 정기구독을 하면 할인 혜택을 주는 일반 잡지들과 완전 다른 방식이다. 이유는 혜택의 차이다. 정기 구독자들에게는 웹사이트에 접속할 수 있는 권한이 주어진다. 종이 잡지에서 보지 못한 콘텐츠를 만날 수 있는 웹사이트를 이용해본 구독자들은 낱권 가격을 합친 금액보다 많은 정기 구독료에 아무런 불만을 제기하지 않는다. 오히려 만족감을 드러낸다. 〈모노클〉의 몰랑몰랑은 여기에 그치지 않는다. 모노클숍이라는 이름의 라이프스타일숍을 운영하여 여기에서만 누릴 수 있는 독특한 경험을 제공한다. 그들은 이렇게 잡지 세계의 판을 바꾸어가고 있다.

몰랑몰랑이 판을 바꾼다. 그것은 판에 박힌 주류의 시각에서 탈피하고, 상식을 깨는 일로부터 시작된다. 처음부터 판을 바꾸겠다는 거창한 생각을 가지고 덤비기보다 역발상을 통해 작지만 새로운 것부터 시도할 때 가능해진다. 중심부보다는 주변부에서, 주류보다는 비주류에서 판을 바꾸는 예가 많은 것은 그래서다.

2부

연결하고,
지우고,
스위칭하라!

나와 조직을 몰랑몰랑하게 만드는 10가지 방법

01
화성에서 살아볼까?

─
호
기
심

'화성 정착 프로젝트'라고 들어본 적이 있는가? 2013년 네덜란드의 비영리단체인 마스원(Mars One)이 발표한 이 프로젝트는 2018년 화성에 무인 탐사선을 띄우고 지원자들 중 24명을 선발하여 2024년부터 화성에 보낼 계획이었다. 발표와 동시에 전 세계적으로 주목을 받았고, 불과 5개월 만에 20만 2,586명의 지원자가 몰리면서 큰 성황을 이루었다. 마스원은 이들 중 100명을 선발했다.

사람들이 마스원의 프로젝트에 너도나도 지원자로 나선 까닭은 무엇일까? 호기심 때문이다. 화성에 대해 품고 있었던 궁금증과, 꿈에서나 가능할 것 같았던 아이디어에 가슴이 뛰었기 때문이다. 이처럼 호기심은 새로운 세계에 대한 갈망을 불러일으켜 직접 도전해보고 싶게 만든다.

현재 화성 정착 프로젝트는 투자 문제로 연기되면서 사람들의 의혹을 사고 있다. 일각에서는 "전 세계를 상대로 사기 치는 것 아니냐?"며 비난하기도 한다. 프로젝트의 위험성을 들어 경고하는 이들도 있다. 한마디로 여기저기서 내몰리는 상황이다. 하지만 우리가 여기서 놓치지 말아야 할 것이 있다. 화성 여행과 정착의 현실성 여부에 못지않게 그런 아이디어를 제기하고 실행하려는 시도를 했다는 점과 20만 명 이상이 지원했다는 사실이다. 아직은 단언하기 어렵지만, 어쩌면 말도 안 되는 프로젝트일 수 있다. 달도 아니고 화성에서 정착하겠다니…. 하지만 마스원의 아이디어와 사람들의 뜨거운 호응은 호기심의 힘을 새삼 일깨워준다. 호기심이 아니었다면 애초에 시작되지도 않았을 것이고, 사람들도 그처럼 지원자의 대열에 서지도 않았을 것이다.

물어보는 사람과 그냥 지나치는 사람의 차이

호기심은 새롭고 신기한 것을 좋아하거나 모르는 것을 알고 싶어 하는 마음이다. 미지의 어떤 대상에 대해 흥미와 관심을 가지고 알아보고자 하는 욕망을 품는다. 그때 우리는 몰랑몰랑해지고 새로운 무언가를 꿈꾸게 된다. 거의 모든 탐구와 도전이 이로부터 시작된다고 해도 과언이 아니다. 만약 이러한 호기심이 없었다면 인간의 역사는 정체 또는 퇴보의 길을 걸어왔을 것이다. 호기심을 자극하는 교육과 활동이 그래서 중요하다.

인간에게 내재된 호기심을 유발하여 목적을 달성하기 위한 활동은 분야나 조직을 가리지 않고 끊임없이 이루어진다. 그중에서도 제일 많은 움직임이 일어나는 곳이 비즈니스 분야이고, 특히 마케팅에서 활발하게 이루어진다고 볼 수 있다. 대표적인 예로 티저(teaser) 마케팅을 들 수 있다. 티저는 '애태우거나 안달이 나게 하는 것'이라는 뜻으로, 티저 마케팅은 최소한의 메시지만 보여주고 다른 내용들은 일체 숨기는 기법이다. 소비자들이 숨겨진 내용을 궁금하게 만들어 관심을 유도하려는 것이다. 이렇게 호기심을 마케팅에 활용하면 기대 이상의 효과를 거두는 경우가 많다. 물론 모든 티저 마케팅이 성공하는 것은 아니다. 오히려 역효과를 불러 실패하는 경우도 있다. 그럼에도 불구하고 기업에서 티저 마케팅을 적극 활용하는 이유는 인간의 원초적 본능에 가까운 호기심을 자극하는 효과가 크다는 사실을 잘 알기 때문이다.

세상은 호기심을 자극하는 일들로 가득하다. 대부분은 사람들의 관심을 사기 위한 것이다. 하지만 이에 반응하는 정도는 사람마다 큰 차이를 보인다. 궁금증을 참지 못해 직접 물어보거나 검색해보는 사람이 있는가 하면, 별것 아니라는 듯 무덤덤하게 지나치는 사람도 있다. 반응의 차이는 어디에서 비롯되는 것일까? 관심이나 성향 등 여러 요인이 있겠지만, 주요 요인은 사고라고 할 수 있다. 일반적으로 사고가 굳어져 있는 사람은 호기심이 약한 편이다. 자신과 직접적으로 관계되지 않은 일에는 흥미를 느끼지 않는다. 자기 세계에 갇혀 있는 사람이다. 반면에 몰랑몰랑한 사고를 지닌 사람은 자신의 관심 영역은 물론 다른 영역에서 일어나는 일들에 대해서도 호기심을 가지고 살펴본다. 다소 무모해 보이는 일이라도 말도 안 된다며 그냥 외면하지 않고 무슨 일인지 알아보고 적극 뛰어들기도 한다. 마스원의 프로젝트에 지원한 사람들처럼 말이다.

몰랑몰랑한 사람이 되려면 무엇보다 호기심을 가져야 한다. 호기심을 키우기 위해 노력하고 그것이 줄어들지 않게 관리해야 한다.

사라진 호기심을 살리는 최선의 방법

호기심은 저절로 생기지 않는다. 가만있어도 호기심을 갖게 되거나 처음의 호기심이 그대로 유지되는 것이 아니다. 일정한 노력이 필요하다. 무엇보다 열린 마음이 중요하다. 잘 모른다고, 소용없다고, 말이 안 된다며 쳐다보지도 않는다면 호기심은 나도 모르게 사그라들게 된다. 일상에서건 여행에서건 마음을 열어 어떤 대상이나 현상을 주의 깊게 바라보고, 모르는 것은 찾아보고, 가능한 소통을 시도할 때 나만의 호기심을 지키고 키워갈 수 있다.

열린 마음과 함께 호기심을 살리는 유효한 방법은 관심 분야를 갖

는 것이다. 호기심은 본질적으로 관심으로부터 시작되기 때문이다. 관심이 없다면 아무리 경이로운 일이 펼쳐진다 해도 무심한 반응을 보이기 십상이다. 관심이 있어야 알고 싶은 욕구가 생기고, 좀 더 깊이 파고들 수 있는 계기가 마련된다. 흔히 나이가 들면 호기심이 떨어진다고 말하는데, 사실이 아니다. 나이와 호기심은 반비례하지 않는다. 따로 관심 분야를 가지고 있으면 나이가 많더라도 변함없는 호기심으로 관찰과 상상, 연구를 계속하게 된다. 경영학의 아버지로 통하는 피터 드러커(Peter F. Drucker)는 95세의 나이로 세상을 떠나기까지 연구와 집필을 멈추지 않았는데, 그가 65세 때부터 3년 단위로 관심 분야를 바꾸어 연구해온 사실은 유명하다. 이미 경영학에서 세계적인 명성을 얻고 있었음에도 불구하고 새로운 분야에 대한 탐구를 계속해나간 것이다. 그는 말했다.

"인간은 호기심을 잃는 순간 늙는다."

호기심을 불러일으키는 당신의 관심 분야는 무엇인가? 스스로에게 물어본 적이 있는가? 어떤 대답을 얻었는가? 혹시 사회문제라고 했다면 그것은 올바른 답이 아니다. 그것은 일시적인 흥밋거리는 될 수 있어도 관심 분야라고 할 수는 없다. 일시적으로 눈길이 가거나 가십거리 정도로 다루어지기 쉬운 일은 관심 분야가 아니라 일종의 유희로 볼 수 있다. 지나가면 그뿐이다. 이와 달리 관심은 처음의 흥미가 시도와 도전으로 이어질 수 있는 것을 말한다. 그래야 호기심을 잃지 않고 몰랑몰랑해질 수 있다.

아무리 생각해도 나의 관심 분야가 무엇인지 알기 어려운 경우도 있을 것이다. 그럴 때에는 최근 6개월 동안 새롭게 시작한 일을 돌아보면 힌트를 얻을 수 있다. 기간은 상관없다. 영화 보기이건, 등산이건, 운동이건 그 기간에 처음 해본 일이면 된다. 그리고 그것을 했을 때 스스로 즐거움을 느꼈는지를 생각해보기 바란다. 즐거움을 느꼈다면 관심 분야로 발전할 가능성이 크다고 볼 수 있다. 관건은 호기심의 지속 여부다. 관심 분야에 대한 호기심을 잃지 않는다면 자연스럽게 깊어지고 넓어지면서 스스로를 몰랑몰랑하게 만들어갈 수 있다.

미디어의 여왕이 늘 생각한 한 가지

호기심을 발휘하여 자신이 몸담고 있는 분야에서 가장 영향력 있는 존재라는 평가를 받게 된 사람이 있다. 바로 디즈니-ABC TV그룹의 앤 스위니(Anne Sweeney) 대표다. 미국 미디어업계의 여왕으로도 불리는 그녀는 1996년부터 디즈니의 엔터테인먼트사업과 ABC TV를 이끌어왔다. 회사의 성공에 누구보다 크게 기여한 리더로 대내외의 주목을 받던 그녀는 2014년 사임을 발표한다. 좀 더 창의적인 일을 하고 싶다며 TV 디렉터에 도전할 계획도 함께 밝혔다. 발표와 함께 디즈니의 주가가 1% 이상 하락하기도 했다.

승승장구하던 그녀를 움직인 것은 호기심이다. 그녀는 자신이 성공한 여성의 대명사로 불리게 된 것은 자신의 끊임없는 호기심 때문이라고 공공연히 말해왔다. 어떤 일을 시작하거나 새로운 현상을 보게 되었을 때 그다음은 무엇일까를 생각하는 습관을 유지해왔다고 한다. 통찰력을 넘어 매사를 호기심의 눈으로 바라보며 질문하고 또 질문했다. 호기심은 자신의 진로를 결정할 때에도 핵심 요소로 작용했다. 과연 호기심을 계속해서 유지할 수 있는 일이 무엇인가를 두고 고민하고 그 결과에 따랐다. 대표직을 그만두고 TV 디렉터의 길을 선택한 것도 그래서였을 것이다.

사람들은 보통 자신이 하는 일에서 성공하게 되면 그만이라고 생각한다. 목표를 이루었기 때문이다. 하지만 호기심을 가진 몰랑몰랑한 사람은 다르다. 끝없는 호기심으로 하고 싶은 일을 찾아 나서며 어떻게 해야 할지를 생각한다. 지금까지 이룬 성공에서 멈추지 않고 자신의 호기심을 살려줄 수 있는 일이 무엇인가를 고민하고 도전장을 내미는 것이다. 몰랑몰랑한 사람의 전형적 특징이다.

몰랑몰랑해지고 싶은가? 질문하면 된다. 왜 저럴까? 나의 관심은 어디에 있는가? 호기심을 불러일으키는 대상은 무엇인가? 그것을 어떻게 나의 것으로 만들 것인가? 끊임없이 자기 자신에게 질문을 던지고, 답을 얻을 때까지 파고들 수 있어야 한다. 실천적 호기심이 몰랑몰랑한 사람을 만든다.

세상은 문밖에 있다

—
발
견

"창의력은 창조하는 것이 아니라 찾는 것이며 발견하는 행위다."

미국 광고업계의 전설로 불리는 조지 로이스(George Lois)가 한 이 말은 몰랑몰랑의 실체를 명확하게 표현한다. 창의력은 사람들이 흔히 생각하듯 무에서 유를 창조하는 것이 아니다. 세상에 그런 일은 없다. 모든 결과는 원인을 갖는다. 연기가 나려면 무언가가 타고 있어야 한다. 창의력은 없던 것을 갑자기 있게 만드는 요술이 아니라, 사람들이 미처 보지 못한 것을 발견하고 발전시켜 새로운 무언가를 만들어내는 실천적 능력이다. 우리가 위대한 창조가로 떠받드는 인물들은 모두가 발견을 통해 세상을 바꾸는 아이디어를 구체적 결과로 보여준 사람들이었다.

발견은 단순히 남들이 보지 못한 것을 본다는 뜻이 아니다. 길거리에서 남들 눈에 띄지 않은 100원짜리를 줍는 것은 엄밀한 의미의 발견이 아니다. 여기서 말하는 발견은 어떤 사물이나 현상을 그냥 보는 것이 아니라 다르게 보는 것을 의미한다. 다른 시각으로 해석하고 수용하여 새로움을 인식하거나 표현할 줄 아는 것을 말한다. 같은 사물을 보고도 어떤 사람은 그것을 그림으로 표현하고, 어떤 사람은 노래로 만들고, 또 어떤 사람은 글로 옮긴다. 저마다 갖는 느낌이나 원하는 표현 방식이 다르다. 중요한 것은 자기만의 색깔이다. 독창성이 있어야 한다. 독창성이 없으면 발견은 발견이 될 수 없고, 새로움은 새로움일 수 없다. 남들과 다른 자신만의 시각으로 보고, 느끼고, 생각하고, 드러낼 수 있어야 한다. 몰랑몰랑해지려면 말이다.

발견의 기쁨을 안겨주는 3개의 눈

발견은 우리의 감각기관 중에서 시각과 가장 가깝게 연결되어 있다. 문제는 어떻게 보는가다. 보이는 대로 보는 사람이 있고, 각도를 달리하여 보거나 보이는 것을 넘어 그 이면까지 들여다보는 사람이 있다. 몰랑몰랑한 사람은 대체로 후자에 속한다. 다르게, 깊이 있게 본다. 어떻게 하면 이러한 시각을 가질 수 있을까?

몰랑몰랑한 시각으로 진정한 발견의 기쁨을 누리려면 3가지 눈을 가져야 한다. 새의 눈, 곤충의 눈, 그리고 물고기의 눈이다.

먼저, 새의 눈으로 크게 볼 수 있어야 한다. 새는 창공을 날면서 먹이를 찾는다. 높은 곳에서 멀리 보기 때문에 필요한 먹이를 구하려면 어디로 가야 하는지 방향을 잡을 수 있고, 먹이를 발견하기도 그만큼 수월해진다. 우리도 이와 같은 새의 눈을 가질 필요가 있다. 크고 넓게 보아야 원하는 것을 보다 효과적으로 취할 수 있다. 당면한 문제에 근시안적으로 접근해서는 해결책을 찾기도 어렵고 더 큰 기회를 놓칠 우려도 있다. 문제를 해결하려면 집중해야 하지만 그전에 문제를 둘러싸고 있는 배경부터 이해해야 올바른 대응을 할 수 있다. 친숙한 분야에만 매몰되어 있는 것도 곤란하다. 그곳에서 빠져나와 자신이 몸담고 있는 분야를 크게 조망할 수 있어야 큰 흐름을 파악할 수 있고 좁은 시야로는 보이지 않는 기회를 포착할 수 있다. 위험에 맞닥뜨렸을 때도 마찬가지다. 서둘러 탈출에만 급급하면 오히려 더 깊은 수렁에 빠질 수 있다. 새의 눈으로 상황을 전체적으로 바라보고 어느 쪽으로 대응하는 것이 좋을지를 가늠할 수 있어야 제대로 된 돌파구를 마련할 수 있다.

새의 눈과 더불어 곤충의 눈으로 세심하게 볼 줄도 알아야 한다. 곤충의 눈은 여러 개가 합쳐져 있다. 작은 눈 하나로는 자신을 노리는 천적을 감각하지 못해 속수무책으로 당할지 모르므로 사방팔방을 살필 수 있는 눈을 여럿 갖게 된 것이다. 우리에게도 이러한 눈이 필요하다. 곤충의 눈처럼 우리를 둘러싼 환경을 세부적으로 알아내어 적절한 행동을 취할 수 있어야 한다. 아무리 사소한 일이라도 그

냥 지나치지 않고 주의 깊게 관찰하다 보면 해결의 실마리나 창의적 아이디어를 발견할 수 있게 된다. 세밀함이 부족한 탓에 얼마나 많은 아이디어가 우리 곁을 무심코 스쳐 지나갔는지 모른다. 높이 나는 새가 먹이를 발견하는 법이지만 곤충의 눈이 없으면 아무것도 얻을 수 없다. 새의 눈으로 보고 곤충의 눈으로 실체를 알아차려야 내가 원하는 것을 놓치지 않고 내 것으로 만들 수 있다.

마지막으로, 물고기의 눈으로 미세한 변화를 감지할 수 있어야 한다. 물고기는 물속에서 한시도 가만있지 않는다. 시시때때로 달라지는 물의 흐름, 세기, 성분, 온도 등을 그때그때 파악하기 위해 온몸의 감각을 동원한다. 아무리 작은 차이라도 제때 변화를 감지해야만 온갖 위험으로부터 자신을 보호할 수 있고 생존에 적합한 행동을 취할 수 있기 때문이다. 우리 역시 언제 닥칠지 모르는 위험에 대비하고 시대의 변화가 요구하는 무언가를 간파하기 위해서는 필히 물고기의 눈을 가져야 한다. 변화의 흐름에 맞는 새로운 요소들을 찾아 아이디어를 구상하고 실현하는 사람이 되고 싶다면 말이다.

우리는 평소에 길을 걸으면서도 새가 되고, 곤충이 되고, 물고기가 되어야 한다. 그 시각으로 주변을 살피고 매사를 돌아보아야 한다. 새로움은 그렇게 발견하고 실현하는 것이다.

독일에서 못다 핀 꽃, 프랑스에서 꽃피우다

언젠가 '세상은 문밖에 있다'는 광고 카피를 보고 무릎을 친 적이 있다. 너무나 와닿는 표현이었기 때문이다. 정말 그렇다. 세상은 안이 아니라 밖에 있다. 밖으로 나가야 세상을 볼 수 있고 몰랐던 것을 알 수 있다. 모든 발견 또한 문밖의 세상에서 이루어진다. 발견을 통해 몰랑몰랑해지고 새로운 아이디어를 얻으려면 무조건 밖으로 나가야 한다.

창조적 사고의 해답을 찾고 있는가? 그렇다면 지금 당장 문을 열고 밖으로 나가기 바란다. 새와 곤충과 물고기의 눈으로 세상을 보고 느끼고 생각하기를 권한다. 마음이 열리고 머리가 몰랑몰랑해질 것이다. 새로움을 발견하고 나만의 아이디어를 갖게 될 것이다.

여행은 창조의 원천과도 같다. 창조적인 사람들이 하나같이 여행을 즐기는 이유가 다른 데 있지 않다. 그들은 여행이 곧 발견의 여정이자 기대 이상의 선물을 안겨주는 기회라는 사실을 체험으로 알고 있다.

여행은 해외여행만을 의미하지 않는다. 일상에서도 여행은 얼마든지 가능하다. 시간이 더 걸리더라도 평소와 다른 길로 퇴근하거나 평소 이용하던 교통편을 바꾸어보는 것도 여행이 될 수 있다. 중요한 점은 익숙한 환경에서 벗어나 낯선 곳으로 가는 것이고, 거기서 새로운 시각을 갖는 것이다.

독일 출신의 세계적인 패션디자이너 칼 라거펠트는 문밖의 세상으로 나가 성공을 거둔 대표적인 사람이다. 그는 어릴 때부터 그림에 재능을 보였고 패션에도 관심이 많았다. 친구들과 어울리기보다 혼자 책을 읽으며 공상에 빠지기를 즐겼다. 화가의 꿈을 안고 예술학교에 들어갔으나 적응이 쉽지 않았다. 옷에만 관심을 보이는 그에게 학교는 불편한 곳이었다. 결국 교장 선생님이 그의 어머니를 불러 라거펠트가 걱정된다는 말을 하기에 이르렀다. 하지만 어머니는 아들을 질책하지 않았다. 오히려 이렇게 격려했다.

"문은 밖으로 나설 때 비로소 의미가 있는 거지. 언젠가 우리는 더 넓은 세상으로 나가게 될 거야."

그 말은 라거펠트에게 인생의 전환점이 되었고, 그는 독일을 떠나 패션의 고장 파리로 가게 된다. 문밖으로 나가 새로운 인생을 찾은 것이다. 파리에서 다양한 경험을 쌓으며 자신의 길을 발견한 라거펠트는 스스로를 더욱 몰랑몰랑하게 만들어갔고, 국제 디자인대회에서 두각을 나타내게 되었다. 그리고 마침내 샤넬에서 그만의 찬란한 꽃을 피워 올렸다. 샤넬의 명성이 쇠퇴할 조짐을 보이던 시기에 샤넬에 들어간 그는 크리에이티브 디렉터(creative director)로서 맹활약을 펼치며 죽은 샤넬을 부활시켰다는 평가를 받았다. 만약에 그가 문밖의 세상으로 나가지 않았다면, 패션 분야에서 자신의 세계를 발견하지 못했다면 그와 같은 업적은 불가능했을 것이다. 그는 현재 80대의 나이에도 특유의 몰랑몰랑으로 파격적인 시도를 통해 새로움을 창조해나가고 있다.

창조적 아이디어도, 성공의 기회도 모두 문밖에 있다. 밖으로 나가서 그것을 발견하고 발전시키는 사람만이 원하는 것을 이루고 시대가 필요로 하는 몰랑몰랑한 존재로 거듭날 수 있다. 망설이지 말고 과감히 문을 박차고 나가 세상이 품고 있는 '진주'를 찾아보라.

03
현실을 잊으면 시야가 열린다

|
마
인
드
|
원
더
링

   '멍때린다'는 말을 들어보았을 것이다. 아무것도 하지 않은 채 멍하니 있는 상태를 일컫는 말로, 하나의 생각에 집중하지 않고 딴생각에 빠져 있는 경우에도 사용한다. 일종의 정신적 방랑이라고 할 수 있다. 전에는 멍때리는 사람을 보면 정신이 나간 것 같다며 조롱하거나 질책하기 일쑤였다. 공부나 일에 집중하지 않는 모습으로 인식되었던 탓이다. 하지만 최근 들어 멍때림에 대한 대접이 180도 달라졌다. 불필요한 시간 낭비가 아니라 오히려 창의성을 발휘하게 하는 힘으로 작용한다는 연구 결과들이 속속 발표되었기 때문이다.

   미국의 신경과학자 마커스 라이클(Marcus Raichle) 박사는 뇌에 아무런 정보가 입력되지 않았을 때 활성화되는 뇌의 특정 부위를 발견했다. 디폴트 모드 네트워크(Default Mode Network, DMN)로 불리는 이 부위는 뇌가 일에 집중하고 있을 때는 비활성 상태로 있다가 일을 하지 않을 때 활발히 활동하면서 뇌의 각 부분을 연결한다는 사실이 밝혀졌다. 이 연구 결과를 바탕으로 마이클 코벌리스(Michael Corballis) 뉴질랜드 오클랜드대 심리학과 교수는《딴생각의 힘(Wandering Mind)》이라는 책을 통해 우리가 딴생각을 하거나 멍을 때리고 있을 때의 효과를 설명했다. DMN에서 기억을 저장하고 관리하며, 자아를 형성하고, 상상력을 제공하고, 창의력을 향상시키는 활동이 일어난다는 것이다. 뇌에 휴식을 주면 뇌가 스스로 잠재력을 발휘하여 뒤엉켜 있는 정보들을 정리하고 서로 떨어져 있던 개념들을 연결하여 자신도 모르게 기발한 아이디어를 내도록 도와준다.

뇌에 자유시간을 허하라

우리는 하루의 대부분을 무언가에 집중하며 보낸다. 보고서를 작성하고, 이메일을 읽거나 보내고, 비용을 계산하고, 회의에 참석하여 정보를 공유하거나 의견을 제시한다. 매일이 바쁜 스케줄로 가득 차 있다. 그 속에서 경력을 쌓아가고 전문성을 키워간다. 하지만 몰랑몰랑한 생각은 하기 어렵다. 피곤해진 뇌로는 다른 생각을 할 수 없고 색다른 시각을 가질 수 없기 때문이다. 몰랑몰랑해지려면 뇌에 휴식과 자유의 시간을 허락해야 한다. 집중에서 놓여나 멍을 때리고 딴생각을 할 수 있게 해주어야 한다. 즉, 마인드 원더링(mind-wandering)

이 필요하다.

마인드 원더링은 마음이 여기저기 돌아다니는 현상을 의미한다. 일종의 정신적 자유 여행이라고 할 수 있다. 쉬어도 좋고 순간순간 떠오르는 것들을 좇아도 좋다. 주의력을 모아 뭔가를 해내야 하는 부담감을 버리고 이런 생각 저런 생각을 하는 것이다. 공상, 몽상, 상상 등이 그렇다. 어찌 보면 잡념이 많은 산만한 사람처럼 보일 수도 있다. 하지만 몰랑몰랑은 이런 상태에서 길러지는 것이며 창의적인 작업이 이루어지는 것 역시 마찬가지다. 편안히 침대에 누워 있거나 숲속을 걸으며 마음을 놓는 시간이 창의적 사고를 촉진한다. 미국의 영화감독 우디 앨런이 "쏟아지는 온수를 맞으며 현실 세계를 잠시 잊고 있으면 십중팔구 새로운 시야가 열리곤 한다"고 말한 그대로다.

마인드 원더링의 귀감이 될 만한 인물로 미국의 물리학자 겸 전기공학자인 니콜라 테슬라(Nikola Tesla)가 있다. 테슬라라고 하면 전기자동차로 유명한 미국의 자동차회사를 떠올리게 되는데, 실은 니콜라 테슬라에서 회사명을 따온 것이다. 그럴 정도로 그는 위대한 업적을 남긴 사람이었다. 교류발전기 등을 만든 발명가이면서 시인이기도 한 그는 당대의 토머스 에디슨과 비견되며 비운의 천재 과학자로 불리기도 한다.

테슬라는 어렸을 때부터 공상을 즐겼다고 한다. 조금은 불우했던 소년 시절을 버티게 한 즐거움이기도 했던 공상을 하면서 그는 자유롭게 다양한 이미지들을 그려나갔다. 그의 머릿속에서 불가능한 일은 없었다. 현실에서는 제약이 많았지만 무한한 상상은 모든 것을 가능하게 해주었다. 성인이 된 후에도 그의 마인드 원더링은 계속되었고 획기적인 발명의 아이디어로 연결되었다. 현대 전기문명의 신호탄을 쏘아올린 교류발전기와 송·배전 시스템의 발명 역시 마인드 원더링의 결과였다. 테슬라는 어린 나이에 이미 나이아가라폭포에 커다란 물레방아를 설치하면 에너지를 얻을 수 있다는 생각을 친척들에게 이야기했다고 한다. 그리고 그의 생각은 나중에 웨스팅하우스사가 테슬라의 교류발전기를 이용하여 나이아가라폭포에 수력발전소를 세움으로써 실현되기에 이른다. 특기할 만한 사실은 그가 발명을 위해 특별한 설계도나 그림을 그리지 않았다는 것이다. 실험도 다른 과학자들처럼 반복적으로 많이 하는 편이 아니었다고 한다. 대부분 머릿속에서 이미지들이 떠오르고 정리되어 다음 단계로 넘어가곤 했던 것이다. 거의 무의식적인 상태의 발명이라고 할 수 있다.

마인드 원더링이란 이런 것이다. 어떤 것에도 구애받지 않고 마음껏 상상한 결과가 실제 아이디어가 되는 순간을 만들어내는 것이다.

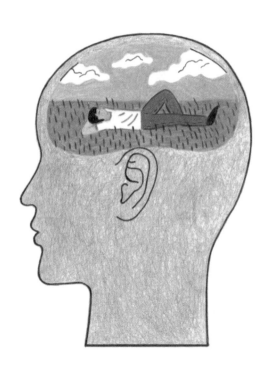

마인드 원더링의 효과를 높이려면

마인드 원더링은 바쁜 뇌를 편안하게 하는 것만으로도 의미가 있다. 하지만 효과를 생각한다면 꼭 알아두어야 할 것이 있다. 아이디어 창출을 염두에 둔다면 더욱 그렇다.

마인드 원더링이 창조적 결과로 이어지려면 그전에 축적된 정보와 지식이 있어야 한다. 앞에서도 말했듯이 창조는 무에서 유를 만드는 것이 아니다. 백지상태에서는 아무것도 나올 수 없다. 가진 것이 있어야 그것을 바탕으로 새로운 무언가를 만들 수 있다. 그래서 항상 학습과 도전을 강조하는 것이다. 노력을 앞세우고 자유로운 생각을 따라가다 보면 어느 순간 창조적 영감이 떠오른다.

하나의 가설을 세우고 실제로 일어난 것처럼 상상해보는 것도 마인드 원더링의 효과를 높이는 좋은 방법이다. 어떤 문제가 주어졌을 때 우리는 보통 그에 대한 해법을 찾기에 급급한 모습을 보인다. 바로 찾아지는 경우도 물론 있지만, 그렇지 않은 경우도 적지 않다. 이럴 때는 한 가지 이상의 가설을 설정하게 되는데, 그중에서 가장 실현 가능성이 높은 가설에 따라 그와 관련된 모든 것들을 생각이 닿는 대로 떠올리다 보면 바로 이거다 싶은 최적의 해법을 만날 수 있다.

특정 단어보다 구체적 이미지를 그려보는 것 또한 추천할 만한 마인드 원더링 방법이다. 생각은 단어의 연결이고, 단어를 연결하면 하나의 이미지가 그려진다. 자신도 모르게 불쑥 튀어나온 단어나 이런

저런 생각을 하다가 걸리는 단어를 연결하여 눈에 보이는 이미지로 바꾸어보면 필요한 아이디어의 본질에 가까워질 수 있다. 과학자였던 아인슈타인은 숫자와 공식에 둘러싸여 있었지만, 그러한 기호들 속에서 어떤 이미지를 그리려는 노력을 많이 했다고 한다. 기호들을 연결하고 결합하여 이미지를 완성하고 마음대로 다룰 수 있게 된 다음에야 비로소 자신의 생각이나 이론을 세상에 내놓았다.

"사고 과정에 필수적인 역할을 수행하는 심리적 실체들은 일종의 증후들이거나 분명한 이미지들로서, 자발적으로 재생산되고 결합되는 것들이다. 내 경우에 그 요소들이란 시각적이고 때로는 '근육까지 갖춘 것'들이다."

여러 가지 생각을 동시에 해보거나 한 가지 생각을 꼬리에 꼬리를 무는 식으로 이어가는 것도 효과적인 마인드 원더링에 도움이 된다.

마인드 원더링에 도움이 될 만한 내용들을 소개했지만, 가장 중요한 것은 억지로 하지 않는 것이다. 자연스럽게, 편안하게 머릿속에서 떠오르는 생각의 결을 따라가야 한다. 굳어진 몸의 근육을 스트레칭을 통해 풀어주듯 집중과 스트레스로 딱딱해진 머리를 부드럽게 어루만져주는 마인드 원더링이어야 한다. 그래야 몰랑몰랑해질 수 있고, 어느 결에 자신도 깜짝 놀랄 만한 창조적 아이디어가 번쩍 하고 나타나게 된다.

04

낯선 곳에서 느리게 걸어보라

|
원
더
링

마인드 원더링이 생각을 자유롭게 놓아주는 것이라면, 원더링 (wandering)은 자유로운 몸으로 돌아다니는 것을 말한다. 어떤 목적 없이 여기저기를 어슬렁거리는 것이다. 그렇게 배회하다가 우연히 좋은 아이디어를 얻기도 하고 뜻밖의 기회를 만나기도 한다.

세렌디피티는 어디에 있을까

하워드 슐츠(Howard Schultz)가 오늘의 스타벅스를 만들게 된 것 은 원더링을 통해서였다. 스타벅스는 원래 미국에서 커피 원두와 관 련 기기를 판매하는 회사였다. 새로운 시장 진출의 기회를 엿보던 하 워드 슐츠는 가정용 커피기기의 트렌드를 살펴보기 위해 이탈리아

밀라노를 방문했다. 그곳에서 주방용품 박람회를 참관하러 길을 나선 그는 별 뜻 없이 거리를 배회하다가 도시 구석구석의 카페에서 커피를 즐기는 사람들을 만난다. 에스프레소바에서 여유롭게 커피를 마시며 휴식을 취하는 사람들의 모습에서 아이디어를 얻은 그는 미국에 같은 방식을 도입하기로 했다. 스타벅스의 신화는 그렇게 시작되었다. 특별한 목적 없이 길을 걷다가 세계의 커피시장을 주름잡을 아이디어를 떠올리게 된 것이다.

원더링을 통해 우연히 잡게 되는 행운을 세렌디피티(serendipity)라고 한다. 뜻밖의 발견을 할 수 있는 능력이라는 의미도 담고 있다. 이 말은 영국의 18세기 작가인 호레이스 월폴(Horace Walpole)이 《세렌딥의 세 왕자》라는 동화에 감명을 받아 만들었다고 하는데, 이 동화에서 세 왕자는 보물을 찾아 모험을 떠났다가 원하던 보물은 얻지 못했지만 그보다 더 중요한 지혜와 용기의 가치를 깨닫는다. 세 왕자가 의외의 보물, 즉 세렌디피티를 얻을 수 있었던 것은 모험을 떠났기 때문이다. 어디에 있는지는 잘 모르지만 보물을 찾기 위해 미지의 세계를 탐험한 결과다. 그들이 낯선 곳으로 발을 들여놓지 않았다면 예상치 못한 보물을 얻는 우연한 행운은 일어나지 않았을 것이다.

전에 가보지 않은 곳을 배회한다고 해서 누구나 뜻밖의 기회나 행운을 잡을 수 있는 것은 아니다. 몰랑몰랑한 상태가 아니면 설사 신대륙이 눈앞에 나타난다 해도 무심코 지나칠 가능성이 높다. 하지만 그렇더라도 배회와 탐험의 가치가 퇴색되는 것은 아니다. 익숙하지 않은 풍경이나 분위기를 관찰하고 호흡하는 과정에서 몰랑몰랑을 체득하게 되고, 점차 숨겨진 보물을 알아채는 눈을 갖게 된다. 원더링을 강조하고 그런 환경 조성에 힘써야 하는 이유가 여기에 있다.

사무실에 웬 오두막?

창의와 혁신을 중시하는 글로벌 기업들은 직원들이 정형화된 사무실 공간을 벗어나 자유롭게 움직일 수 있게 하는 일에 많은 신경을 쓴다.

미국 캘리포니아 마운틴뷰에 위치한 구글 본사에 가면 임직원 전용 자전거가 비치되어 있는 것을 볼 수 있다. 구글 직원이라면 누구나 이 자전거를 이용하여 이동하거나 출퇴근할 수 있다. 분명 직원들은 도보로 움직이는 것과는 다른 느낌을 갖게 될 것이다. 늘 다니던 길이라도 평소와는 다른 원더링을 경험할 것이다. 구글은 또한 본사 곳곳에 30여 개의 카페테리아를 갖추었고, 55개에 달하는 지사에도 총 185개의 카페테리아를 설치해놓았다. 직원들은 여기서 커피를 포함한 간단한 음식을 무료로 제공받는다. 또 다른 형태의 원더링이 이루어지는 것이다. 이뿐만이 아니다. 직원들은 사무실이 아닌 벤치나 잔디밭에 앉아서 노트북 등으로 업무를 보는 경우가 적지 않다. 한마디로 회사 전체가 업무 공간이면서 동시에 아이디어 공간으로 짜여 있는 셈이다. 구글이 이렇게 세심한 배려를 아끼지 않는 이유는 원더 링을 통해 직원 개개인은 물론 조직 전체가 몰랑몰랑해지도록 만들기 위해서다.

애니메이션 영화를 제작하는 픽사(Pixar) 스튜디오도 원더링을 위한 변화를 시도했다. 건물 내부에 카페테리아와 회의실, 화장실, 우편함 등을 중앙에 배치한 것이다. 직원들이 자주 드나드는 곳을 한 곳에 둠으로써 원더링과 함께 소통이 자연스럽게 이루어질 수 있게 만들었다. 어슬렁거리는 데 그치지 않고 직원들이 만나 대화하면서 업무는 물론 서로의 아이디어를 교환할 수 있게 하기 위해서다. 또한 칸막이 형태로 구분되어 있는 사무실을 오두막 형태로 변경하여 색다른 느낌의 공간에서 생각을 몰랑몰랑하게 가질 수 있게 배려하고 있다.

의외의 보물은 골목길에 있다

여기에 내가 개인적으로 실천하는 원더링 방법을 소개한다. 나는 촌각을 다투는 상황이 아니라면 빠른 길보다는 전에 다녀본 적이 없는 길을 선택한다. 뭔가 '다름'을 느끼고 싶어서다. 걸음도 최대한 천천히 한다. 그래야 자세히 볼 수 있기 때문이다. 그리고 대로보다는 골목길을 선호한다. 골목길은 그 자체로 호기심을 자극하기도 하고 예

대전의 한 카페에서 만난 의외의 기쁨.

상 밖의 볼거리와 흥취를 안겨주는 경우가 많다. 따로 시간을 내기 어려울 때는 일터로 향하거나 하루 일을 마치고 집으로 돌아가는 길을 원더링의 기회로 활용한다. 가능하면 두 발로 걷는다. 뚜벅이가 되어 곳곳을 살핀다. 시간상 교통편을 이용하게 될 경우에도 노선을 달리해서 코스를 잡기도 한다.

원더링을 할 때는 목적이나 시간의 속박을 받지 않아야 한다. 무언가를 의식하면서 행하는 원더링은 평소처럼 보고 싶은 것만 보게 하므로 별 효과를 기대하기 어렵다. 여유를 가지고 자유롭게 어슬렁거려야 한다. 조금은 나태해 보여도 좋다. 그럴 때 우리는 몸과 마음이 몰랑몰랑해지는 것을 느끼게 되고 평소에 보지 못했던 의외의 보물을 마주하는 기쁨을 누릴 수 있다. 중요한 점은 '평소와 다르게' 행동하는 것이다.

05

훌륭함을 넘어 위대함으로

|
연
결

　우리는 매일같이 새로운 정보를 탐색하고 지식을 습득하기 위해 노력한다. 회의도 자주 한다. 서로 다른 경험과 의견을 가진 사람들이 모여 일정한 이슈를 놓고 해결 방안을 모색하거나 중지를 모아간다. 그 과정에서 우리는 개인적으로든 집단적으로든 끊임없이 정보와 생각을 교환한다. 복합적이고 다층적이다. 그러다가 생각지 못한 아이디어를 도출해내거나 최선의 결론에 도달하게 된다. 정해진 시간 안에 문제에 대한 해법을 내놓아야 하는데 도무지 어떻게 해야 할지 알 수 없는 경우에는 주변에 도움을 요청하기도 한다. 맺고 있는 관계를 총동원하여 답을 찾아 나선다. 그러다 보면 신기하게도 어디선가 한 줄기 빛과도 같은 구원의 손길이 나타난다. 이것이 바로 연결의 힘이다.

세상에 홀로 존재하는 것은 없다. 어떤 형태로든 서로서로 연결되어 있다. 그 고리를 통해 크든 작든 영향을 미치고 변화를 촉진하고 필요한 도움을 주고받는다. 함께 노력하여 어제보다 나은 오늘, 오늘보다 나은 내일을 만들어간다. 연결됨으로써 몰랑몰랑해지고 새로움을 추구하는 것이다.

창조는 훔치는 것이다!

인간 사회에서 연결은 다양한 형식과 방법으로 이루어진다. 연결된 하나하나가 의미와 가치를 띠고 있다. 우열을 가릴 수 없다. 하지만 아이디어의 산실인 몰랑몰랑의 차원에서 비추어볼 때 우리가 좀 더 주목해야 할 부분이 있다.

"훌륭한 예술가는 모방하고, 위대한 예술가는 훔친다."

피카소의 말이다. 실제로 그는 훔치는 데 능했다. 여러 미술 유파들을 섭렵하고 각각의 장점을 훔치고 융합하여 자신의 작품을 완성했다. 스티브 잡스는 이를 비즈니스에 응용했다. 기존의 기술과 제품을 활용하여 전혀 새롭게 보이는 신제품을 만들어냈다.

피카소와 스티브 잡스를 보면 위대함의 비밀이 보인다. '훔친다'는 것이다. 처음부터 자신이 모든 것을 해결하려 들지 않고 앞서간 사람들이 이루어놓은 성과를 활용하여 자신만의 작품을 창조했다.

여기서 우리가 눈여겨보아야 할 대목은 모방이다. 위대한 그들이 보여준 경지를 지향해야겠지만, 무엇이건 반드시 거쳐야 할 단계가 있는 법이다. 모방의 단계를 지나쳐 창조의 경지에 이를 수는 없다. 모방은 단순한 베끼기가 아니다. 그대로 따라 하는 재현이 아니다. 모범으로 삼을 만한 작품에서 힌트를 따와 나의 작품에 반영하는 것이다. 그 작품에 들어 있는 핵심적 특성이나 독특함을 빌려와 내가 만드는 작품에 반영하는 것이다. 본질의 연결이라고 할 수 있다. 이게 모방이다. 알고 보면 우리가 기억하는 위대한 창조자들도 한때는 훌륭한 모방가였다. 위대함의 시작은 모방이다.

그렇다고 해서 모방을 어렵게 생각할 필요는 없다. 우리는 누구나 모방의 기질을 갖고 있다. 사람은 본능적으로 뇌의 거울 뉴런(mirror neuron)을 통해 다른 사람의 말과 행동을 흉내 내어 그와 유사하게 표현하려는 습성이 있다. 닮고 싶거나 좋아하는 대상일수록 더욱 그런 경향을 보인다. 동일시를 통해 상대방을 보다 깊이 이해하고 공감대를 형성하려는 것이다. 바꾸어 말하면 그와 나를 긴밀히 연결하고 싶어 하는 욕망의 자연스러운 표출이다.

우리는 사람이건 작품이건 모방을 통해 대상과의 연결을 시도한다. 거기서 배움이 일어나고, 성장하고, 대상과 같은 듯 다른 나만의 것을 만들어낸다. 이것이 진정한 모방이고, 연결의 가치다.

애완동물과 돌이 만나면?

전혀 어울리지 않을 것 같은 요소들의 조합도 연결의 한 방법이다. 우리 앞에 돌과 애완동물이 놓여 있다고 가정해보자. 이 둘을 어떻게 조합하면 새로운 가치를 창출해낼 수 있을까? 대부분은 돌을 쌓아 애완동물의 집을 지어주는 것을 생각할 것이다. 그런데 전혀 다른 발상으로 사람들의 지갑을 열게 한 인물이 있다.

미국 캘리포니아의 한 술집. 친구들이 농담을 주고받으며 대화를 나누고 있었다. 이야기가 애완동물을 키우면서 겪는 애로사항 쪽으로 흘렀다. 강아지와 고양이 등을 돌보는 데 들어가는 수고와 비용, 애완동물이 피우는 말썽 등에 대한 불평들이 쏟아져나왔다. 이때 게리 로스 달(Gary Ross Dahl)이 말했다.

"나는 돌을 키우고 있어."

그의 말에 친구들이 어리둥절해하면서 호기심을 보이자 달은 자신이 키우는 펫록(pet-rock, 애완돌)의 장점을 늘어놓기 시작했다. 따로 밥을 주지 않아도 되고, 똥 치울 필요도 없고, 말썽도 안 피우고, 씻기기 쉽고 안 씻겨도 괜찮고, 산책을 시켜주지 않아도 되고, 오래 살고 등등 애완돌의 좋은 점을 쉬지 않고 이야기했다. 처음엔 농담인 줄만 알았던 친구들이 고개를 끄덕여가며 맞장구를 치고 공감을 표시하는 모습을 본 달은 애완돌 사업을 본격적으로 구상하게 되었고, 순종 펫록(pure blood pet-rock)이라는 이름을 붙여 개당 3.95달러의 가격으로 판매에 돌입했다. 반응은 폭발적이었다. 판매를 시작한 8월부터 이듬해 2월까지 약 6개월간 무려 150만여 개의 애완돌이 팔려나갔다. 그 덕에 실업자나 다름없었던 달은 벼락부자가 되었고 방송국 토크쇼에 초대되면서 일약 유명 인사의 반열에 올랐다.

게리 로스 달의 성공을 설명할 수 있는 하나의 키워드를 꼽으라면 연결이다. 그는 돌과 애완동물을 연결시켜 애완돌을 키웠고, 거기서 그치지 않고 선물용 상품으로 연결시켰다. 이를 위해 애완돌을 돌보는 방법을 설명하는 매뉴얼까지 별도로 제작했다. 애완돌의 특징과 재능을 알려주고 훈련시키는 방법 등을 담은 책자를 만들어 제공했다. 매뉴얼에 담긴 내용의 일부를 소개하면 이렇다.

"박스에서 나오면 처음에는 긴장할지 모른다. 그러면 신문지 위에 가만히 올려놓아만 주어라. 펫록은 신문지가 왜 필요한지 스스로 알 테니 따로 가르칠 필요가 없다."

달의 성공 스토리는 어찌 보면 터무니없다. 애완돌이라니! 게다가 돌이 무슨 생명을 가진 애완동물이기라도 한 듯 관리 매뉴얼까지 첨부하다니! 말도 안 되는 이야기 같다. 하지만 엄연히 실재하는 이야기이고, 애완돌은 지금도 이베이 등을 통해 꾸준히 거래되고 있다. 연결은 이렇게 납득하기 힘든 기적을 일으키기도 한다.

외국어, 새로운 세상으로의 초대장

새로운 언어의 세계에 발을 들여놓는 것도 몰랑몰랑해지기 위한 연결 기법을 체득하는 좋은 방법이 될 수 있다. 다른 언어를 배우는 것은 우리를 다른 세상과 연결시켜준다. 한 외국어를 배워 안다는 것은 내가 몰랐던 세상을 만나는 것과 같다. 언어가 다리가 되어 나와 다른 세상을 이어주기 때문이다. 나는 영어, 프랑스어, 이탈리아어를 공부했고 최근에는 힌디어를 배우기 시작했다.

내가 힌디어에 관심을 가지게 된 동기는 작고 단순한 것이었다. '세계에서 가장 영향력 있는 마케팅 리더 100인(100 Most Influential Global Marketing Leaders)'에 뽑혀 인도에 갔을 때였다. 공식 일정이 끝나고 나서 원더링 차원에서 뭄바이 시내를 돌아다녔다. 뭄바이는 도시락 배달부인 다바왈라(Dabbawala)로 유명한 도시다. 아주 오랜 전통을 지닌 다바왈라를 내 눈으로 직접 보고 싶어서 그들이 있는 곳을 현지인들에게 물어보았다. 그런데 도무지 대화가 통하지 않았다. 영어로 소통할 수 있는 사람이 없어서다. 한국에서 온 이방인에게 호기심을 품었거나 친절함이 몸에 밴 사람들이 나를 도와주려고 했지만 도리가 없었다. 그때 불현듯 힌디어를 배워야겠다는 생각이 들었다. 한국으로 돌아가자마자 시작해보자고 마음을 먹었다.

힌디어를 가르치는 학원을 수소문했다. 없었다. 수요가 거의 없는 강좌를 개설한 학원을 찾기란 애초부터 기대하기 어려운 일이었는

SP. MAGAI SADA PAN　　20/-
SP. MAGAI SWEET PAN　 15/-
SP. CALCUTTA SWEEN PAN　20/-
SP. CALCUTTA SADA PAN　15/-
SP. BANARASI SWEET PAN　20/-
SP. BANARASI SADA PAN　15/-
SP. CHOCLATE PAN　　30/-
SP. KHAJOORI PAN　　20/-
SP. DRY FRUIT KESAR PAN　30/-
SP. DRY FRUIT MAWA　25/-
SP. MITTA MAWA　　20/-

지 모른다. 개인 교습은 어떨까? 하지만 그것도 어려웠다. 다행히 한 학원으로부터 소개를 받아 인도 유학생을 만날 수 있었다. 인도에서 대학을 마치고 한국으로 석사과정을 공부하러 온 젊은이였다. 그렇게 나는 힌디어를 배움으로써 생소했던 세상과 조우할 수 있었다.

　학원을 알아보다가 느낀 점 하나를 덧붙인다. 힌디어를 배울 수 있는 강좌가 있느냐고 묻자 되돌아오는 질문이 시험을 준비하느냐는 것이었다. 한두 곳이 아니었다. 그때 나는 우리 사회의 단면을 다시금 확인하게 되었다. 모든 게 시험 위주로 돌아가는 사회 현실. 우리에게 외국어는 어떤 관문을 통과하기 위한 스펙의 하나일 뿐이다. 실제 실력은 뒷전이고, 기업이나 기관에서 요구하는 점수만 따면 된다. 활용 능력은 보지 않는다. 우리나라 사람들이 학교에서 10년 이상 영어를 공부하고 필요할 때마다 토익시험 등을 치르면서도 정작 영어권 사람들을 만나면 입도 뻥끗 못하거나 얼버무리는 경우가 태반인데는 다 그만한 이유가 있었던 것이다. 다시 말해서 연결을 위한 공부를 하지 않은 탓이다. 상황은 그때나 지금이나 크게 달라지지 않은 것 같다. 안타까운 현실이다. 다른 세상과 연결할 수 있는 외국어 공부가 되어야 한다. 관문 통과에 필요한 성적이 아니라 현지인들과 대화하고 필요한 도움을 받고 소중한 경험을 쌓을 수 있는, 소통을 위한 공부를 해야 한다.

나는 영어와 프랑스어와 이탈리아어를 고리로 그 나라의 문화와 강점을 습득했다. 커피와 초콜릿, 치즈, 맥주, 향수 등 다양하고 전문적인 분야에 발을 들여놓을 수 있었던 것도 언어 덕분이었다. 이처럼 언어는 지역과 지역, 사회와 사회, 개인과 개인, 분야와 분야를 연결해주는 아주 유효한 수단이다. 특히 관심 있는 분야를 좀 더 깊이 파고드는 데 꼭 필요한 언어는 두말할 나위도 없다. 언어가 연결해주는 세계에서 남다른 시각을 갖게 되고 그토록 찾던 아이디어를 떠올릴 수 있다.

연결 기법을 통하면 몰랑몰랑해진다. 이질적인 요소들, 무관해 보이는 사물들, 경계가 분명한 영역들을 서로 연관짓고 조합하다 보면 사고가 유연해지면서 새로운 무언가가 떠오르고 그것이 결과적으로 참신한 아이디어와 작품을 낳게 된다. 그렇게 탄생한 작품이 세상이 깜짝 놀랄 변화를 일으켜 부와 성공을 가져다주고 미래를 움직이는 것이다.

06

오, 컵에 티셔츠를?

— 마
블
링

    내가 테이크아웃 커피 전문점인 탭플레이(Taplay)의 브랜드 코칭을 시작할 무렵이었다. 커피 전문점이 거의 포화 상태인 시장에서 탭플레이를 론칭하기 위한 차별화 전략이 필요한 상황이었다. 탭플레이는 커피만이 아니라 모히토(Mojito) 음료를 판매하고 있었고, 모히토를 자신들의 브랜드를 대표하는 상품으로 내세울 수 있을지 고민 중이었다. 탭플레이의 모히토는 민트 잎을 빻아 만든 무알콜 청량음료로, 다양한 색과 맛을 자랑한다. 나는 맛과 색을 동시에 내세우는 아이디어를 떠올리고 '컬러풀 앤드 딜리셔스(colorful and delicious)'라는 슬로건을 제안했다. 흔히 커피나 음료라고 하면 맛이나 향에 치중하는데, 색을 추가하여 브랜드 콘셉트를 명확히 하자는 뜻이었다. 반응은 예상 밖이었다. 탭플레이는 고객들의 사랑에 힘입어 연이어가맹점을 오픈하게 되었고, 2016년 한국소비자포럼에서 신생 브랜드 특별상과 한국마케팅협회의 히트예감 브랜드상을 수상했다.

탭플레이의 성장에 도움을 준 아이디어는 마블링(marbling)에서 나온 것이었다. 마블링은 원래 미술 표현의 한 기법으로, 물과 기름처럼 상이한 성질을 가진 것들을 혼합할 때 나타나는 즉흥적이고 우연적인 현상을 이용하여 작품을 제작하는 것이다. 전혀 어울리지 못하는 물과 기름 물감을 섞어 종이에 찍어내면 예상 밖의 아름다운 그림이 만들어진다. 이와 같이 서로 연결점이 없어 보이거나 너무나도 다른 성질을 가지고 있는 것을 혼합해보는 것이 마블링 기법이다. 기대 이상의 반응을 얻은 탭플레이의 모히토가 세상에 나온 것처럼 말이다.

안경점답지 않은 안경점 · 홍콩.

창의적인 아이디어는 전혀 예상치 못한 순간에 나타나기도 한다. 물론 몰랑몰랑이 뒷받침되었을 때 가능한 것이다. 이런 몰랑몰랑함을 위해서 마블링 기법을 체득해야 한다. 마블링 기법을 통해 몰랑몰랑해진다면 상상 이상의 아이디어가 튀어나올 수 있고 전에 없던 특별한 소비자 경험을 연출할 수 있게 된다. 어떤 것이든 좋다. 합해보고, 섞어보고, 상호작용을 일으켜 결과를 확인해보기 바란다. 눈으로 보고도 믿기 힘든 기발한 무언가가 모습을 드러낼 것이다.

제과점에서 옷을 판다?

마블링 기법을 절묘하게 활용하여 시장에서 신선한 바람을 일으킨 브랜드가 있다. 바로 조니 컵케이크(Johnny Cupcakes)다. 이름만 보면 컵케이크가 떠오른다. 밀가루에 설탕, 달걀 등을 넣어 컵 모양으로 구워낸 과자 말이다. 하지만 조니 컵케이크는 과자를 파는 곳이 아니라 패션 브랜드다. 티셔츠를 중심으로 바지, 속옷, 액세서리 등 다양한 패션 제품을 생산하여 판매한다. 이 브랜드는 어떻게 탄생했을까?

창업자인 조니 얼(Johnny Earle)은 한때 메탈밴드의 멤버로 활동했는데, 밴드를 상징하는 티셔츠를 만들어 공연 때 입기 시작한 것이 브랜드의 기원이다. 컵케이크와 해골 모양으로 디자인한 티셔츠에 사람들이 큰 관심을 보이자 선물로 나누어주기도 하고 일부는 판매하기도 했다. 그러다가 밴드 활동을 접고 판매에 매진하게 되면서 2005년 보스턴에 조니 컵케이크 매장을 열었다. 특이한 것은 인테리어였다. 제과점 콘셉트를 접목한 것이다. 매장을 오래된 냉장고, 믹서, 오븐 등으로 장식하고 바닐라 냄새가 나는 공기청정기를 사용하여 지나가는 행인들이 빵을 파는 제과점으로 착각하게 만들었다. 연관성을 찾기 힘든 옷가게와 제과점을 한데 마블링한 것이다. 이뿐만이 아니다. 구매하는 이들에게 일반적으로 제공되는 종이봉투나 비닐봉투가 아닌 컵 모양의 케이스에 티셔츠를 담아준다. 티셔츠가 곧 컵케이크의 내용물이 되는 셈이다. 사람들은 다른 매장에서는 느낄 수 없는 생소한 조니 컵케이크의 콘셉트와 매장 구성, 판매 방식에 뜨거운 관심과 호응을 보였고 줄을 지어 구매하는 진풍경을 자아냈다. 높은 고객충성도를 바탕으로 경이로운 성장률을 이어간 이 브랜드는 2008년 미국의 경제지 〈비즈니스위크〉가 선정한 최고 기업가 25인에 조니 얼이 선정되는 영광까지 안았다.

이게 과연 가능할까? 조니 컵케이크의 성공 스토리는 그런 의문을 보기 좋게 무너뜨린다. 티셔츠와 컵케이크가 만나 선풍적인 인기를 끌어모으리라고 예상한 사람은 아무도 없었지만, 조니 얼은 사람들의 감각을 즐겁게 하는 색다른 경험과 가치를 제공함으로써 유례를 찾아보기 힘든 열렬한 호응을 이끌어내는 데 성공했다. 아마도 당사자조차 예상하지 못했을 것이다.

1만 3,000여 점의 작품을 남긴 예술가의 마블링

마블링 기법에서 중요한 것은 과감한 실험과 시도다. 말이 안 된다며 지레 물러나지 말고 일단 한번 해보는 것이다. 다소 무모해 보일지라도 이런저런 시도를 해보는 것이 중요하다. 시도가 습관이 되어 자연스럽게 이루어지도록 해야 한다. 어떤 결과가 나올지는 알 수 없지만, 그러한 시도를 통해 마블링 기법의 기적을 이루어낼 수 있다.

마블링 기법을 적극 활용하여 다양한 분야에서 자신의 천재성을 유감없이 발휘한 인물이 있다. 엉뚱하고 극적인 상상력을 무기로 1만 3,000여 점에 달하는 작품을 남긴 이탈리아 장식 예술가 피에로 포르나세티(Piero Fornasetti)가 그 주인공이다. 그는 화가 · 조각가 · 판화가 · 디자이너 · 스타일리스트 · 영화감독 등으로 전천후 활약을 펼치며 환상과 아이러니, 유머가 결합된 자신만의 신비한 작품 세계를 완성해냈다.

포르나세티의 대표적인 작품은 프랑스 잡지를 보다가 우연히 발견한 이탈리아 오페라 가수 리나 카발리에리(Lina Cavalieri)의 얼굴로 만든 장식용품들이다. 그는 카발리에리를 한 번도 본 적이 없었지만 그녀에게 매료되어 얼굴을 다양하게 변주하는 작업을 통해 쿠션, 접시, 가구 등에 적용한 350여 가지의 시리즈 작품을 탄생시켰다. 신비한 느낌에다 영감을 자극하는 이 작품은 당대에는 물론 지금까지도 많은 사람의 사랑을 받고 있다.

포르나세티가 다른 예술가들과 차별화되는 창의성 넘치는 수많은 작품을 발표할 수 있었던 힘의 원천은 특정 테마를 중심으로 변주를 거듭한 것이었다. 카발리에리의 얼굴 하나로 소재와 용도에 맞게 다양한 변형을 시도했던 것처럼 말이다. 그는 하나의 소재나 콘텐츠를 다각도로 변용하여 새로운 창작품을 만드는 원소스 멀티유스(One-Source Multi-Use)의 귀재였다. 그리고 그것을 뒷받침한 습관이 '수집'이었다. 그는 수집광으로 불릴 정도로 많은 물건을 모은 것으로도 유명하다. 단지 모으는 것에 그치지 않고 물건들을 본래 용도와 다르게 사용하거나 변형할 수 있는지를 끊임없이 생각하고 실험했다고 한다. 이렇게도 해보고 저렇게도 해보는 마블링을 통해 누구보다도 많은 위대한 작품들을 다방면으로 창작해낼 수 있었던 것이다.

변치 않는 창의력의 원천

수집 외에 포르나세티가 즐겼던 습관이 있다. 독서였다. 미술학교에 다니던 시절, 교육 방식에 불만을 표출했다는 이유로 퇴학을 당한 그는 오로지 책을 벗 삼아 독학을 하며 자신의 상상력과 창의력을 키웠다. 자신의 관심 주제를 다룬 책뿐만 아니라 잡지를 비롯한 다양한 분야의 책들을 섭렵하고, 마음에 드는 내용이나 이미지가 있으면 즉시 잘라내어 자신이 만드는 작품의 재료로 사용했다. 독서를 통해 영

감을 얻는 것 외에도 아예 책 자체를 하나의 오브제로 활용하는 마블링을 시도한 것이다.

독서는 마블링 기법을 체득할 수 있는 아주 훌륭한 방법이 된다. 포르나세티가 독서를 예술성과 창의력의 원천으로 생각한 이유가 있다. 책은 읽을 때마다 다른 메시지를 전달해주기 때문이다. '천 명의 독자가 《햄릿》을 읽는다면 천 명의 햄릿이 존재할 것'이라는 말처럼 똑같은 책을 읽어도 읽는 사람에 따라 받아들이는 메시지는 달라질 수 있다. 읽는 시기나 주어진 처지에 따라 각기 다르게 해석되고, 얻는 감동의 크기에도 차이가 생긴다. 그런 의미에서 누가 봐도 뻔한 책은 좋은 책이라고 할 수 없다. 고전이 계속해서 사랑을 받는 이유는 반복해서 읽어도 또 다른 감흥과 영감을 불러일으키기 때문이다. 이러한 독서가 우리를 몰랑몰랑하게 만든다.

마블링 기법을 위한 독서의 장점은 한두 가지가 아니지만 가끔 오해하는 사람들을 보게 된다. 책을 읽으면 바로 원하는 것을 얻을 수 있다고 생각하거나 한두 권의 책으로 바로 마블링 기법을 체득하게 되고, 몰랑몰랑해지리라 생각하는 것이다. 하지만 그런 일은 거의 일어나지 않는다. 어쩌다 손에 들에 된 책이 인생을 바꾸는 결정적 계기로 작용하는 경우도 없지 않지만, 읽기의 행위가 금세 변화와 성과로 나타나는 것은 아니다. 아이디어나 지혜를 얻기 위한 독서는 축적과 발효의 시간을 필요로 한다. 여러 번 읽고, 폭넓게 읽고, 이러저리 생각하고, 뒤섞어보는 시도를 해보아야 한다. 얼마의 시간 동안 몇 권의 책을 읽어야 하는가에 대한 명확한 기준은 없다. 많이 읽었다고 해서 반드시 마블링 기법을 체득하게 된다고 할 수도 없다. 그것은 양이 아닌 질, 필연보다 우연에 가깝다. 새로움을 발견하는 특별한 감각이나 창의적 아이디어는 약속한 미래의 어떤 시점이 아니라 우연한 기회에 다가오는 것이다. 너무 막연한가? 아니다. 아이디어는 우연히 오지만 결코 아무에게나 찾아오지 않는다. 기회는 준비된 자의 것이다. 꾸준한 독서와 시도를 해온 사람만이 성공의 기회와 기쁨을 내 것으로 만들 수 있다.

마블링 기법은 즉흥적이고 우연적인 순간에 발휘할 수 있는 기법이기에 아무리 노력해도 효과가 없는 것 같은 느낌이 들 때가 있을 것이다. 여전히 생각이 굳어 있는 것 같고, 아이디어는 그림자도 비치지 않는 것 같은 느낌에 괴로울 때가 있다. 그럴 때에는 한 발 뒤로 물러서는 것이 낫다. 방법을 다시 생각해보고 과연 올바르게 노력하고 있는지 점검할 필요가 있다. 방법이 맞지 않으면 노력의 효과를 기대하기 어렵다. 몰랑몰랑해질 수 방법은 한두 가지가 아니니 어느 하나에 집착하지 말고 다른 방법을 써보기 바란다. 예를 들어 마블링 기법 활용을 위해 많은 에너지를 썼는데도 변화가 느껴지지 않는다면 원더링이나 발견 기법을 혼합해보는 것도 좋을 것이다. 정해진 순서가 있는 것도 아니고 효과도 사람마다 다를 수 있으므로 자신이 원하는 방법을 폭넓게 선택하여 다양한 방식으로 재결합하는 등으로 시도하는 것이다. 단, 조금 해보는 것으로 그치면 안 된다. 사람들이 몰랑몰랑해지지 못하는 근본적 이유 중 하나가 중도 포기다. 한두 번 시도해보고 원하는 결과가 나오지 않으면 쉽게 포기해버리곤 하는데, 세상에 그 정도의 노력으로 이룰 수 있는 일은 없다. 언제 나타날지 정확히 알 수는 없지만, 우연한 기회는 포기하지 않고 한 걸음 한 걸음 나아가는 사람에게 주어지는 선물이다.

독서가 그렇듯 마블링은 매번 다른 결과를 우리에게 안겨준다. 예측하기 어렵지만 그래서 기대를 더 갖게 만들기도 한다. 마블링의 매력이다. 무엇이 나올지는 알 수 없지만 마블링 안에서 우리는 전보다 더 몰랑몰랑해지고 세상에 둘도 없는 무언가를 창조해낼 수 있다.

07
물은 마시고, 물병은 먹고

|
지
우
개

편의점에서 생수를 사서 마실 때 그런 생각을 해본 적이 있는가? 물만 남기고 물병을 없애면 어떻게 될까? 한 번도 그런 생각을 해본 적이 없다면 당신은 아직 몰랑몰랑한 사람이 아닐 수 있다. 그게 가당하기나 한 소리냐며 모르는 체하는 경우가 대부분일 것이다. 그런데 이 아이디어를 구현한 이들이 있었다. 사람들이 물 마시는 모습을 보고 물병 없이 마실 수 있는 제품을 개발한 것이다.

영국 런던의 산업디자인학교에 다니던 3명의 스페인 학생이 있었다. 그들은 물을 마시고 나면 버리게 되는 플라스틱 물병이 환경에 유해한데 이를 해결할 방법이 없을까를 궁리했다. 그러다가 먹을 수 있는 물병을 만들면 어떨까 하는 아이디어를 떠올리게 되었고, 함께 개발에 착수했다. 노른자를 감싸고 있는 달걀 껍질에서 힌트를 얻은

그들은 얇은 이중의 젤라틴막을 갈색조류와 염화칼슘이 감싸게끔
하는 방식으로 물주머니를 완성했다. 물방울 모양으로 생긴 이 물병
에는 오호(Ooho)라는 이름이 붙었고, 플라스틱 물병의 대안으로 대
중의 관심을 받았다. 오호는 친환경성과 독창성을 인정받아 2014 렉
서스디자인어워드(LEXUS DESIGN AWARD)를 수상하기도 했다.
아직 상용화 단계는 아니지만, 가능성은 충분하다.

사랑은 연필로 쓰세요

지우개 기법은 현재 상태에서 어떤 것을 없애는 것이다. 지우개로
글씨를 지우듯 물병에서 물병을 제외시키는 것이다. 어떻게 될지 당

장은 알 수 없지만, 당연한 것으로 여겨지는 어떤 부분을 생략했을 때 어떤 변화가 나타날지 머릿속으로 그려보고 실행해보는 것이다.

창의력은 먼 데 있는 남의 나라 이야기가 아니다. 우리와 아주 가까이 있다. 창의력이 없다고 한탄하거나 교육에만 의존할 것이 아니라, 우리를 둘러싸고 있는 환경이나 사물에서 뺄 수 있는 요소가 무엇인가를 생각해볼 필요가 있다. 그러한 사고의 전환이 몰랑몰랑을 키운다.

> 꿈으로 가득 찬 설레이는 이 가슴에
> 사랑을 쓰려거든 연필로 쓰세요
> 사랑을 쓰다가 쓰다가 틀리면
> 지우개로 깨끗이 지워야 하니까

가수 전영록이 부른 '사랑은 연필로 쓰세요'라는 노래에 나오는 가사다. 연필로 써야 틀리게 쓴 사랑을 지울 수 있다고 말한다. 진한 잉크로 쓰면 지울 수 없다. 잘못 쓴 내용은 지우고 다시 쓰거나 불필요한 부분은 지워 없애야 사랑의 마음을 온전히 전할 수 있다. 지우개가 필요한 이유다. 연애편지에서만 그런 것이 아니다. 지우고 나면 새롭고 더 좋은 것을 생각해낼 수 있는 경우가 참으로 많다.

여기서 잠깐, 지우개의 탄생 과정을 살펴보자. 과거에는 빵이 지우개로 사용되었다. 지금도 일부 화가들은 빵을 지우개 대신 사용하는데, 빵이 흑연 가루를 흡착하는 성질을 갖고 있기 때문이다. 1770년 영국의 안경 제작자 겸 과학 기술자인 에드워드 네언(Edward Nairne)은 그날도 어김없이 빵 부스러기로 잘못된 부분을 지우려고 했는데, 실수로 그 옆에 있던 고무조각을 집게 되었다. 그런데 신기하게도 더 말끔하게 지워지는 게 아닌가. 빵 부스러기보다 효능이 뛰어나다는 사실을 알게 된 네언은 그 길로 직접 고무조각을 만들어 팔기 시작했다. 기술자로 왕립학회의 일원이기도 한 그에게는 그리 어려운 일이 아니었다. 그렇게 해서 고무 지우개가 세상에 처음으로 나오게 되었다.

하지만 단점이 있었다. 생고무로 만든 초창기의 지우개는 쉽게 부패되고 악취가 나기도 했다. 추울 때는 딱딱하게 굳어지고, 더울 때는 끈적거려 사용하기에 어려움이 있었다. 그러던 차에 미국의 발명가인 찰스 굿이어(Charles Goodyear)가 실험을 하다가 탄성이 강한 고무를 발견하게 되었다. 1839년 굿이어는 유황을 섞은 생고무를 난로 위에 올려놓고 잠시 연구실을 비웠다. 돌아와보니 탄내가 진동하고 고무가 새카맣게 변해 있었다. 깜짝 놀란 굿이어의 표정이 이내 기쁨으로 달아올랐다. 생고무가 탄력이 좋은 물질로 바뀌어 있었던 것이다. 이와 더불어 사용이 불편했던 지우개의 문제점도 해결되기에 이르렀다.

세상에 알려진 위대한 발명품들 중에는 실수나 착각 등 예기치 않은 일로 태어난 경우가 적지 않다. 중요한 것은 그러한 우연을 그냥 흘려보내지 않고 붙잡아 최초의 성과를 올렸다는 점이다. 빵 부스러기 대신 고무조각을 사용했을 때 연필 자국이 잘 지워진다는 사실을 알았다고 해서 이를 발전시켜 판매한다는 생각은 쉽게 하지 못한다. 의외로 잘 지워지네 하며 신기해하는 정도로 그치고 말 것이다. 타버린 생고무를 보고 실험을 망쳤네 하며 그냥 내다버렸다면 오늘날의 고무 지우개는 훨씬 뒤에 나왔을지 모른다. 의도하지 않은 일이나 현상에 대해 한 번 더 들여다보고 다르게 활용할 수 있는 방법을 생각할 줄 아는 자세가 필요하다. 그런 여유와 시각을 가질 때 몰랑몰랑이 고개를 들고 세상에 없는 무언가를 창조할 수 있다. 그리고 이것이 바로 몰랑몰랑을 위한 지우개 기법이다.

지우개 기법은 우리가 가지고 있는 정보와 지식 중에서 어느 하나를 지워가며 또 다른 방법을 생각해보는 기법이다. 지금 편리하게 사용하고 있는 기술이 세상에서 없어진다면? 꼭 있어야 하는 자리에 있던 부품이 없어진다면?…. 이와 같은 질문들을 스스로에게 던져보라.

김밥에서 밥을 빼라?

지우개 기법으로 대성공을 거둔 사례가 있다. 김밥에서 밥을 지우고 김에 집중한 결과다. 우리는 흔히 김과 밥을 한 덩어리로 생각한다. 김밥이 그렇고, 김 하면 밥을 싸서 먹는 것을 떠올린다. 김만 따로 먹는 경우 흔치 않다. 그런데 김 하나로 2015년 3,000만 달러 수출을 달성한 기업이 있다. 업계 최초로 이 같은 실적을 올린 곳은 삼해상사다. 삼해상사는 과자처럼 먹을 수 있는 스낵김을 만들어 반찬이 아닌 간식이나 술안주 등으로 즐길 수 있게 함으로써 히트 상품의 반열에 올려놓았다. 몰랑몰랑한 사고로 분리하고 제거하는 데 거리낌이 없었기에 가능했던 성공이다.

우리는 흔히 창의적 아이디어는 지식과 경험의 축적으로부터 나온다고 생각한다. 맞다. 모르는 상태에서는 어떤 아이디어도 내기 어렵고 질문조차 쉽지 않다. 많이 알고 겪어봐야 그것을 바탕으로 과거와 다른 참신한 시도를 해볼 수 있다. 하지만 그것만으로는 부족하다. 지식과 경험은 창의성의 필요조건이지만 충분조건은 아니다. 전문가나 경험자가 객관적 분석이나 상황 판단에는 뛰어날지 몰라도 문제의 해결책을 제시하거나 창의적 대안을 수립하는 데 한계를 보이는 경우가 얼마나 많은가. 아이디어는 양이 아닌 질에 좌우된다. 참고자료가 넘친다고 해서, 궁리하는 사람이 많다고 해서 더 쉽게 얻어지는 것이 아니다. 때로는 뺄셈에서 답을 구할 줄 알아야 한다. 붙어 있는 것을 떼어보고, 고정적으로 보이는 것을 해체해보고, 내부의 우리를 지우고 외부의 사람들로 대체시켜볼 수 있어야 한다. 접착제 대신 지우개를 사용해보는 것이다.

지우개 기법은 단순히 빼는 것이 아니다. 빼면 그냥 답이 나온다는 생각은 오산이다. 복잡한 것을 단순화해보고, 필수적인 요소를 다른 것으로 대체하면 어떻게 될까를 끊임없이 상상해보는 훈련이 필요하다. 그 과정에서 우리는 몰랑몰랑해지고 필요한 순간에 적절한 아이디어를 취할 수 있게 도와주는 시각을 갖게 될 것이다.

08
집적대지 말고 집착하라

|
메
라
키

    80세 때부터 시작하여 10년간 고대 메소포타미아문명을 연구해온 할머니가 있다. 연구를 부탁하거나 강요한 사람은 아무도 없었다. 단지 자신의 관심과 열정으로 연구를 계속했고, 그러한 열정이 인생을 살아가는 원동력이 되어주었다. 일종의 메라키(meraki)라고 할 수 있다.

    메라키는 그리스어로 '예술가적 기교(artistry)'를 뜻하는데, 단순히 테크닉을 말하는 게 아니라 학문이나 예술의 목적을 달성하기 위해 문제점을 해결하고 작품을 완성해가는 활동 역량을 가리킨다. 이는 기교를 수련한다고 해서 확보할 수 있는 것이 아니다. 이론에 대한 이해와 현실적 모순에 대한 정확한 인식, 구체적 현장 체험을 바탕으로 향상, 발전해가는 것이다. 또한 음악이나 미술을 비롯한 예술 활동에만 국한되는 것이 아니라 모든 분야에서 발휘되는 것이다. 핵심적 특징은 예술가적 혼과 열정의 투사다. 즉, 메라키 기법은 모든 창의력과 애정을 동원하여 자신의 일을 해나가며 몰랑몰랑해질 수 있도록 하는 기법이다.

맥주 혁명을 일으킨 '또라이' 회사

메라키 기법은 스스로 괴짜스러움을 가질 때 체득할 수 있다. 세상의 괴짜들은 자신의 개성과 흥미를 중시한다. 이해관계나 유불리를 떠나 관심 분야를 파고들어 열정을 쏟아붓고 그 속에서 즐거움을 향유한다. 그렇다고 환경이나 흐름을 무시할 정도의 외골수는 아니다. 열정을 갖되 지나치게 깊이 빠져들지는 않는다. 관심사와 관련된 주변 상황을 파악하고, 몸담고 있는 조직의 요구에 부응하려고 노력한다. 그래서 그들은 몰랑몰랑하다.

몰랑몰랑한 시도와 남다른 열정으로 새로운 길을 개척한 괴짜들이 있다. 영국을 대표하는 크래프트 비어인 브루독(Brewdog)의 주인공들이다. 2007년 24살 동갑내기인 제임스 와트(James Watt)와 마틴 디키(Martin Dickie)는 맥주의 혁명을 시작하겠다며 스코틀랜드 애버딘의 한 차고에서 회사를 창업했다. 대규모 양조장에서 제조되는 라거와 에일 맥주에 반기를 들고 자신들만의 스타일로 승부를 걸겠다고 선언했다. 그들은 당시의 일반적이고 대중적인 맥주는 고리타분하고 지루하다고 생각했고, 이를 해결할 수 있는 방법은 자신들이 직접 맥주를 만드는 것이라고 판단했다.

와트와 디키는 창업에 필요한 자금을 은행에서 대출받고 맥주를 만들 수 있는 기계와 건물을 임대했다. 시작은 소박했다. 그들은 야심 차게 제조한 크래프트 비어를 손수 병에 담아 자신들이 개조한 차량 뒷좌석에 싣고 돌아다니며 팔았다. 어찌 보면 다소 무모해 보이기도 했다. 하지만 그것이 브루독의 원동력이었다. 이어서 그들은 영국에서 가장 도수가 높은 맥주인 도쿄(Tokyo)를 출시했다. 18.2도를 자랑하는 이 맥주는 일명 '미친 맥주'라는 소리를 들어가며 영국뿐만 아니라 전 세계적으로 주목을 받았고 브루독의 명성을 높이는데 기여했다. 그들의 미친 짓은 계속 이어졌다. 죽은 담비와 토끼, 다람쥐 등을 박제하고 그 안에 맥주를 넣은 '역사의 종말(The End of History)'이란 제품을 선보인 것이다. 이 맥주는 동물단체들로부터 엽기적이라는 비난을 받으며 사회적 논란을 일으키기도 하고 알코올 도수가 무려 55%에 달할 정도로 독했지만, 세간에 큰 화제를 불러일으켰다. 한 병에 500파운드(약 91만 원)에 판매된 맥주는 세상에서 가장 비싸고 강한 맥주로 소개되었고, 브루독은 "위스키잔 같은 잔에 담아 좋은 위스키를 마시는 것처럼 즐기라"고 권하기까지 했다.

일명 '또라이' 회사를 자처하는 브루독이 펼쳐온 공격적인 행태는 일부의 비난과 사회적 논란에도 불구하고 맥주 애호가들의 사랑을 받으며 전 세계에 걸쳐 두터운 팬층을 거느리고 있다. 2008년에는 테스코의 맥주 콘테스트에서 1위를 차지하여 그들만의 맛을 인정받았으며, 그들이 운영하는 바(bar)도 2016년 현재 50여 곳에 달할 정도로 성장가도를 달리고 있다.

브루독은 일상적인 평범함을 거부한다. 괴짜스러운 그들에게는 맥주에 대한 독특하고 뚜렷한 철학과 그것을 구현하기 위한 남다른 열정, 그리고 과감한 실험정신이 있다. 독립적인 양조장의 이점과 개성을 살려 그들만의 맥주를 개발하고 소비자들에게 다가간다. 이것이 바로 메라키 기법이다.

집착하는 사람이 원하는 것을 얻는다

메라키 기법을 체득하는 방법 중에 집착이 있다. 집착은 어떤 것에 늘 마음이 쏠려 잊지 못하고 매달리는 것을 말하는데, 부정적인 의미로 쓰이는 경우가 많다. 예를 들어 남녀 사이에서 어느 한쪽이 상대방을 놓치지 않으려고 구속하고 간섭할 때 그것은 사랑이 아니라 집착이라고 이야기한다. 하지만 메라키 기법에 필요한 집착은 이와 같은 관계에서의 집착이 아니라 원하는 것을 얻고 이루기 위해 끈질기게 물고 늘어지는 집착을 의미한다. 성공을 위해서는 어느 정도의 집착이 불가결하다. 마음이 끌리는 것에 대해 한두 번 건드려보는 정도에서 그치지 말고 끈질기게 매달릴 수 있어야 한다. 그러지 않으면 아무것도 달라지는 것이 없다.

　나는 최근 인도에 빠져 있다. 인도에 관심을 가지고 관련 자료를 수집하고 문화와 언어, 라이프스타일 등을 연구하며 알아가는 즐거움을 만끽하고 있다. 특히 아쉬람(ashram)에 주목하고 있다. 아쉬람은 힌두교도들이 수행하며 거주하는 사원으로, 그들은 일상에서 벗어나 구루(스승)의 가르침을 받기 위해 이곳에 온다. 나는 그들이 아쉬람에서 어떻게 생활하며 영적인 깨달음을 얻게 되는지를 알고 싶어 여기저기 탐문 중이다. 힌디어 공부도 시작했다. 그런데 아쉬람을 제대로 알려주는 책을 만나기가 쉽지 않았다. 그러다가 겨우 책 한 권을 발견했는데, 이미 절판되어 구입할 수 없는 상태였다. 할 수 없이 이번엔 중고서점 사이트를 샅샅이 뒤져보았다. 하지만 역시 헛수고였다. 더 이상 찾기를 포기할까 하다가 혹시나 하는 마음으로 저자 이름으로 인터넷 검색을 해보았다. 저자라면 책을 갖고 있지 않을까 하는 기대감으로 저자와 접촉할 수 있는 방법을 알아보았다. 오랜 시간을 찾아 헤맨 끝에 저자의 개인 블로그를 알아낼 수 있었고, 비공개 댓글로 나를 소개하며 아쉬람을 공부하는데 책이 꼭 필요하다는 말을 남겼다. 이메일 주소와 연락처, SNS 계정 등을 모두 밝히며 회신을 부탁했다. 솔직히 기대는 하지 않았다. 오랫동안 활동하지 않은 듯한 블로그를 보며 과연 연락이 닿을지 의심스러웠다. 그로부터 얼마 후

인도는 깊다.

저자로부터 연락이 왔다! 자신이 《인도 아쉬람 기행》을 쓴 김동관이라며, 어렵게 책을 출간했는데 반응이 신통치 않아 절판을 시키고 남은 책들은 보관 중이라고 했다. 얼마나 반갑고 고맙던지 구세주라도 만난 기분이었다.

모르긴 몰라도 저자는 나를 집착이 심한 사람이라고 생각했을 것이다. 절판된 지 오랜 책을 구하려고 그렇게까지 하느냐라며 별난 사람으로 여겼을지도 모른다. 물론 자신의 책을 끝까지 찾아 다닌 것에 고마움을 느꼈을 수도 있다. 어쨌든 나는 내가 원하는 책을 손에 넣게 되었고, 책에서 많은 도움을 얻을 수 있었다.

어떤가. 내가 너무 심했다고 생각하는가? 아니면 그렇게 하는 것이 맞는다고 생각하는가? 이 책을 제대로 읽어왔다면 나의 집착을 이해하리라 믿는다. 일단 시작했으면 끝까지 가봐야 한다. 몰랑몰랑을 위해 메라키 기법을 체득하길 원한다면 집착하고 끝까지 가봐야 한다. 원하는 것은 쉽게 얻어지지 않는다. 그래도 중도에 포기하지 말고 끈질기게 매달려야 한다. 계속해서 두드리면 언젠가 문은 열리게 되어 있다. 그때의 기쁨은 이루 말할 수가 없다. 설사 열리지 않는다 해도 어떠한 형태로든 노력한 대가가 나타날 것이다.

메라키 기법은 적당히 타협하는 사람은 결코 체득할 수 없는 기법이다. 사람들이 주저하고 꺼리더라도 내 마음이 향하는 곳이라면 과감히 발을 내딛고 자신의 철학과 신념을 행동으로 옮기는 사람에게 메라키가 생기는 법이다. 행동을 지속적으로 뒷받침할 수 있는 집착과 집요함이 그래서 필요하다. 세상에 변화를 가져온 괴짜들이 그랬던 것처럼 말이다.

몰랑몰랑으로 가는 길은 하나가 아니다. 정해진 공식이나 규칙이 있는 것도 아니다. 여러 길이 있을 수 있고, 방법도 저마다 다를 수 있다. 각자의 관심이나 스타일에 맞게 선택하면 된다. 다만 선택한 그것을 끝까지 밀어붙일 수 있어야 한다. 추구하는 것에 집착할 줄 알아야 한다. 그래야만 메라키 기법을 효과적으로 활용할 수 있고 몰랑몰랑해지게 된다. 브루독의 집착을 기억하기 바란다.

09
하늘에서 샌드위치가?

ㅡ 스 프 레 차 투 라

젓가락질을 하는 어른의 모습이 어린아이의 눈에는 어떻게 비칠까? 신기하고 감탄스럽게 보이지 않을까? 아무리 해도 잘 되지 않는 젓가락질을 어른들은 어떻게 자유자재로 하는지 이해하기 어려울 것이다. 하지만 그런 어린아이도 어느덧 젓가락질에 익숙해진다. 가능할 것 같지 않았던 기술을 가볍게 사용할 줄 알게 된다. 이것이 바로 스프레차투라(sprezzatura)다.

스프레차투라 기법은 어려운 일을 쉽게 해내는 것처럼 보이는 능력을 말한다. 도저히 안 될 것 같은 일을 식은 죽 먹듯 처리하는 것이다. 우리는 흔히 천재들에게서 이러한 스프레차투라를 엿볼 수 있다. 그들은 보통 사람들이 불가능하다고 생각하는 것을 아무렇지 않은 듯 이루어낸다. 그래서 천부적이라거나 넘사벽(넘을 수 없는 사차원

의 벽)이라는 소리를 듣는다. 그렇다면 스프레차투라는 천재들만의
영역일까? 정말로 하기 쉬워서 그렇게 하는 것일까? 도대체 그런 능
력은 어디에서 오는 것일까?

어려운 일을 쉽게 해내고 싶은가?

사람들은 자신이 못하는 일을 누군가가 척척 해내는 모습을 보면
대단하다고 하면서 한편으로는 절망감을 느낀다. '나는 왜 안 될까,
내가 무능해서 그런가?' 하며 자책하기도 한다. 단순 비교를 하면 그
런 생각이 들 수도 있다. 하지만 그것은 하나만 알고 둘은 모르는 것
이다. 그가 그런 수준에 도달하기까지 얼마만한 연습과 인내의 시간
을 거쳤는지 모르고 하는 생각이다. 결과만 보고 과정은 알지 못해서
다. 창의와 혁신도 그렇다. 사람들은 흔히 창의적 아이디어를 도출하
고 실행하는 과정의 지난한 노력은 건너뛴 채 눈에 보이는 성과만을
이야기한다. 자신이나 자신의 조직에는 없는 든든한 배경이나 행운
과 같은 특별한 뭔가가 있었기에 가능했을 거라고 미루어 짐작한다.
스프레차투라만 알고 그 안의 몰랑몰랑을 모르는 것이다.

스프레차투라 기법을 자유자재로 발휘하는 사람은 몰랑몰랑하다.
어떤 일이 주어져도 발랄한 발상으로 유연하게 처리한다. 설사 처리
하는 도중에 일이 잘못되거나 잘 모르는 부분이 나타나도 당황하거

나 외면하지 않고 완수하기 위한 노력을 멈추지 않는다. 이런저런 시도를 통해 새로운 사실을 알아가고 배움을 쌓아간다. 길이 막히면 돌아서 갈 줄 알고, 실패도 하나의 과정으로 생각하여 좌절하지 않고 전진한다. 해법은 하나가 아니라 여럿일 수 있다는 생각으로 다방면의 시도를 계속한다. 그 결과로 어려운 일을 어렵지 않게 수행하는 능력을 갖추게 되고, 더욱 몰랑몰랑해는 것이다. 그런 면에서 스프레차투라와 몰랑몰랑은 동전의 앞뒷면과 같다고 할 수 있다.

　스프레차투라 기법은 기업 경영에도 도입할 수 있다. 무선청소기로 유명한 영국의 가전업체 다이슨(Dyson)은 신입사원을 뽑을 때 최우선적으로 고려하는 기준이 있다. 생각이 남다른가, 실패를 두려워하지 않는 도전정신이 있는가를 본다. 아울러 그와 같은 마인드를 유지하고 향상시키기 위해 직원들에게 다양한 자극을 부여한다. 엔지니어들에게 자신의 기술을 테스트할 수 있는 기회를 제공하고, 정기적으로 활용의 장을 마련한다. 일례로 매년 크리스마스 때가 되면 직원들은 자신이 보유하고 있거나 실험해보고 싶은 기술을 발휘하여 파티 복장 등을 만든다. 파티장에 나타난 그들은 각양각색의 기발한 모습을 연출하고 서로에 대해 격의 없는 대화를 나눈다. 기술의 경연장을 방불케 한다. 이때 선보인 기술들이 다이슨의 신제품으로 탄생하는 경우도 적지 않다. 준비하는 과정은 어렵고 복잡했겠지만 완성된 형태로 만들어지고 나면 제품화하기가 훨씬 용이해진다. 그렇게 해서 다이슨은 어떤 다른 회사보다 많은 아이디어 제품을 생산하고 있다. 사람들 눈에는 쉽게 잘도 만들어내는 것처럼 보일 것이다.

스프레차투라를 죽이는 것, 살리는 것

스프레차투라 기법으로 최고의 몰랑몰랑한 수준에 도달하기 위해 절대 하지 말아야 할 것이 있다. 선 긋기다. 반대로 이야기하면 스프레차투라 기법을 체득하기 위해서는 선 긋기를 하지 않아야 한다. 할 수 있는 것과 할 수 없는 것, 쉬운 것과 어려운 것, 좋아하는 것과 싫어하는 것의 경계를 나누지 말고 일단 시작할 수 있어야 한다. 미리 경계선을 그어놓으면 가능성을 제한하는 결과를 초래하여 원하는 수준에 도달할 수 없게 된다. 어린아이들에게 나타나는 학습 효과를 봐도 알 수 있다. 어린아이에게 한국어와 영어, 독일어 등을 자유롭게 섞어 쓸 수 있는 환경을 제공하면 아이는 어느 것이 모국어이고 외국어인지 모르는 채 자연스럽게 3개 국어를 습득하게 된다. 그런데 언어를 따로 구분해서 가르치면 효과가 떨어진다. 외국어로 받아들이는 순간 별도로 배워야 한다는 생각이 강해져 처음부터 어려움을 느끼게 되기 때문이다. 모국어와 외국어의 경계를 나누어 스스로 학습 능력의 가능성을 축소해버리는 것이다.

사실 우리는 누구나 3개 국어 이상을 자유자재로 구사할 수 있는

능력을 가지고 있다. 그런데도 시작부터 영역을 분리하여 익숙지 않은 것은 어려울 것이라는 생각에 사로잡혀 제대로 능력을 발휘하지 못한다. 편견과 두려움이 시도와 발전을 가로막는다. 이때 필요한 것이 스프레차투라 기법을 활용하여 유연하게 사고하며 실패에 대한 두려움을 넘어 차근차근 실행하는 것이다. 그러다 보면 어느 순간 자신도 모르게 '쉬워지는' 경지에 올라서게 된다.

스프레차투라 기법을 위해서도 독서는 중요하다. 그런데 독서의 중요성을 강조할 때마다 어떤 책을 읽어야 할지 선택의 어려움을 토로하는 이들이 있다. 최선의 선택을 하고 싶은데 그에 대한 확신이 없어 두려움을 가지고 있는 것이다. 스프레차투라 기법을 체득할 수 있는 독서 방법의 첫째는 일단 책을 사보는 것이다. 마음에 드는 책이 있으면 먼저 사서 읽기부터 시작하라. 처음부터 나에게 딱 맞는 책을 고르기란 어렵다. 전문가의 추천을 참고하면 도움을 받을 수 있지만, 내가 찾는 그 책이 아닐 가능성이 크다. 중요한 것은 한두 권으로 그치지 말고 내 눈에 들어오는 책을 계속 읽어나가는 것이다. 책을 샀는데 내가 원하는 책이 아니면 어쩌나 하는 생각은 할 필요가 없다. 필요한 정보나 지혜를 얻지 못했다면 또 다른 책을 골라 보면 되는 것이다. 실패할지 몰라서, 실망하기 싫어서 선택을 주저하게 되면 영원히 책을 보는 눈을 가질 수 없다. 서점에는 어지러울 정도로 책이 많다. 한 분야나 주제와 관련한 책들도 부지기수다. 그 속에서 나만의 선택 기준을 가지고 발견의 기쁨을 누리고 싶다면 어쨌든 많은 책과 만나보아야 한다.

진흙 속에 감춰진 진주를 찾으려면 직접 진흙을 파헤치고 또 파헤치는 수밖에 없다. 가만히 앉아서 진주가 튀어나오기만을 기다리다가는 허송세월만 하게 된다. 원하는 것을 얻고자 한다면 해보고 또 해보는 것이 최선이다. 나는 이제까지 국내에서, 해외 아이디어 탐방에서 눈에 띄는 책이 있으면 그 자리에서 사곤 했다. 그러다 보니 어마어마한 양의 책을 보유하게 되었다. 그 책들이 모두 나의 필요와 기대를 충족시켜주지는 않았지만, 내게 책을 고르는 남다른 직관을 선물해주었고, 무엇보다 나의 사고를 몰랑몰랑하게 만들어주었다.

7층으로 올라가 '가볍게' 성공을

스프레차투라 기법은 우리를 편견이나 두려움에서 해방시켜줄 뿐만 아니라 현재의 약점을 강점으로 바꾸어주기도 한다. 도저히 안 될 것 같은 문제에 초점을 맞추기보다 그 안에서 기회를 찾을 수 있게 해주기 때문이다. 이와 관련한 유명한 사례가 있다.

7층에 위치한 샌드위치 가게라고 하면 어떤 생각이 드는가? 얼른 올라가서 사 먹고 싶은가, 아니면 굳이 거기까지 올라가야 하나라는 생각부터 드는가? 아마도 대부분은 올라가고 싶어 하지 않을 것이다.

샌드위치 하나 사 먹겠다고 7층까지 올라갈 생각을 하는 사람은 많지 않다. 여기에는 평소 우리의 고정관념도 적잖이 작용한다. 왜냐하면 샌드위치 가게는 흔히 도로변이나 번화가의 골목 1층에 작은 규모의 공간을 차지하고 지나가는 사람들이 쉽게 접근할 수 있게 되어 있다. 언제든 편하게 사 먹을 수 있다는 것이 가장 큰 장점이다. 그런데 7층 이라니. 샌드위치 가게의 상식이라고 할 수 있는 접근성이 떨어져 실패하기 십상이다. 치명적인 약점이 아닐 수 없다. 그럼에도 불구하고 버젓이 7층에 가게를 내어 성공의 나팔을 불어대는 곳이 있다. 바로 호주의 멜버른에 위치한 재플슈츠(Jafflechutes)다.

그곳에 가면 샌드위치가 하늘에서 내려오는 광경을 볼 수 있다. 마치 동화 속의 한 장면 같은 환상적인 광경에 사람들이 열광하며 너도나도 이 샌드위치를 먹기 위해 수백 미터씩 줄을 선다. 재플슈츠는 샌드위치의 호주식 명칭인 재플(jaffle)과 낙하산(chute)의 합성어로, 말 그대로 낙하산을 타고 내려오는 샌드위치다. 이용 절차는 간단하다. 온라인으로 주문하고 페이팔(온라인결제 서비스)로 결제한 다음 샌드위치를 원하는 날짜와 시간을 선택하여 1층에 표시된 'X마크'에서 기다리면 7층에서 샌드위치가 천천히 내려온다. 그걸 받아서 대로변이나 인근 공원에 가서 즐기기만 하면 된다.

재플슈츠가 만든 낙하산은 특별할 것이 없다. 비닐로 우산 형태를 만들고 종이로 감싼 샌드위치를 끈으로 연결했을 뿐이다. 개당 가격은 5~6달러 수준으로 부담이 없다. 1층에서 자신의 샌드위치를 바라보며 환호하는 고객들과 달리 7층의 재플슈츠는 의외로 썰렁하다. 테이블도 없고 의자도 없다. 다른 가구나 인테리어도 찾아볼 수 없고, 음식을 건네는 창구조차 없다. 일반 샌드위치 가게들과는 전연 딴판이다.

재플슈츠의 성공은 샌드위치 가게의 불문율을 보기 좋게 뒤집은 결과다. 당연히 1층에 있어야 할 가게가 7층에 있음에도 불구하고 이루어낸 성공이기 때문이다. 그들은 7층이라는 위치적 약점을 낙하산을 이용한 판매로 날려버리고 최고의 강점으로 전환시켜 대박을 터뜨렸다.

재플슈츠처럼 약점을 강점으로 만들기란 말처럼 쉬운 일은 아니다. 재플슈츠 역시 그랬을 것이다. 샌드위치를 먹기 위해 7층까지 올라가야 하는 번거로움을 어느 누가 기꺼이 감수하겠는가. 이 문제를 해결하기 위해 그들은 수많은 궁리와 시도를 했을 것이고, 그 과정에서 생각지 못한 난관들에 봉착했을 것이다. 하지만 몰랑몰랑한 생각과 실패에 굴하지 않는 실천으로 어렵게만 보였던 7층에서의 샌드위치 판매를 '가볍게' 성공시킬 수 있었다.

어려운 일을 처음부터 쉽게 해내는 경우란 없다. 어쩌다 쉽게 해내는 경우가 있다 해도 그것을 지속하기란 불가능에 가깝다. 생각대로 되지 않아도 수없이 반복하고 수정하는 과정을 거쳐야만 아무렇지 않은 듯 해낼 수 있게 된다. 이러한 스프레차투라 기법을 통해 우리는 몰랑몰랑해지고 그 능력을 더욱 키워갈 수 있는 것이다.

　풀어야 할 문제가 있는가? 도달하고 싶은 어떤 경지가 있는가? 그렇다면 작은 것이라도 좋으니 실행의 한 발을 내디뎌보기 바란다. 그러한 행동이 쌓이면 습관이 되고, 그 후부터는 하나의 흐름이 되어 그 과정이 전혀 어렵지 않게 될 것이다.

10
뛰어난 연주는 '쉼'에서 나온다
— 스위칭

어느 회사의 아이디어 회의 풍경이다. 팀장이 먼저 말한다. 자유롭게 각자의 아이디어를 말해보라고. 조용하다. 아무도 입을 열지 않는다. 괜히 말을 꺼냈다가 지적을 당할 바에는 가만히 있는 게 낫다는 생각이다. 구체적 이슈가 있는 회의도 크게 다르지 않다. 서로 눈치를 보며 말하기를 주저한다. 이미 거의 결론이 나 있는 상태일 경우에는 더 말할 것도 없다. 결론에 동조하는 사람만 몇 마디 거들 뿐, 그렇지 않은 사람들은 굳게 침묵을 지킨다. 그런 사람들이 사적인 술자리에서는 180도 달라진다. 누가 시키지 않아도 자연스럽게 말을 꺼낸다. 열변을 토하기도 한다. 특히 못된 상사를 '안주' 삼아 벌어지는 술자리는 자못 분위기가 뜨겁다. 누구랄 것도 없이 성토에 열을 올린다. 그러면 술자리에서 아이디어 회의를 한다면 어떨까? 술이 들어

휴식이 몰랑몰랑을 만든다 · 독일 베를린 ·

가면 달라지지 않을까? 아니다. 술은 한 잔도 마시지 않은 채 무거운 침묵이 흐른다. 왜 그럴까? 업무의 연장이기 때문이다.

사람들은 회사의 업무시간과 개인의 자유시간을 명확히 구분한다. 공간도 엄격히 분리한다. 업무를 보는 시간과 공간에서는 주어진 일을 처리하고, 사적인 시간과 공간에서는 자유롭게 말하고 행동하는 데 익숙하다. 이렇게 보면 크게 문제될 것이 없어 보인다. 각각의 시간과 공간에 맞게 활동하면 되니까. 문제는 다른 데 있다. '딱딱하게' 업무를 보는 시간과 공간에서는 몰랑몰랑이 발휘되지 않는다는 점이다. 이를 해결하려면 스위칭(switching)이 일어나도록 해야 한다.

스위칭은 너무 길지도 짧지도 않게

스위칭은 불을 켰다 껐다 하는 것처럼 어떤 상태를 전환하는 것을 말한다. 업무로 말하면 고도의 집중력을 발휘하는 스위치를 켰다가 중간중간 휴식을 취하며 여유를 갖는 스위치로 바꾸는 것이다. 이렇게 몰두와 일탈을 적절히 스위칭하면 몰랑몰랑하게 되어 업무 효율이 크게 올라간다. 세계적인 피아니스트인 아르투르 루빈스타인(Artur Rubinstein)은 "연주를 뛰어나게 하는 것은 중간중간 어떻게 잘 쉬느냐에 달려 있다. 바로 그곳에 예술이 들어 있다"고 말했다. 연주는 쉴 새 없이 이어지는 것처럼 보이지만 중간에 쉬는 순간이 있다. 그 부분을 어떻게 다루느냐가 예술의 성패를 좌우한다는 것이다. 연주에서 쉼은 일종의 일탈이다. 이것을 효과적으로 조절할 줄 아는 연주자가 곡을 예술로 승화시킨다. 너무 길어지거나 짧아지면 연주의 흐름이 깨지면서 밸런스가 무너진다. 일을 하다가 휴식을 취하는 것도 다르지 않다. 간극을 적절히 맞추어 밸런스를 유지할 수 있어야 한다. 장기간의 휴가를 마치고 업무에 복귀했을 때 적응에 어려움을 겪는 것도 밸런스를 유지시켜주는 스위칭이 한동안 이루어지지 않은 탓이다.

모차르트와 베토벤, 칸트, 다윈 등 천재들의 하루 일과표에서도 스위칭 기법을 엿볼 수 있다. 천재들은 작곡이나 연구만 하지 않았다. 시간을 정해놓고 산책을 하거나 커피를 마시거나 음악을 들었다. 어

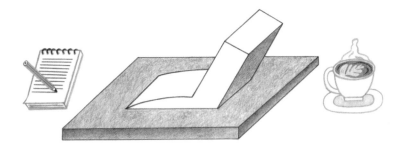

쩌면 그와 같은 적절한 스위칭이 그들을 위대한 업적의 주인공으로 만들었는지 모른다.

스위칭 기법의 중요성을 잘 아는 기업은 곳곳에 휴식 공간과 즐길 거리를 마련해둔다. 직원들이 일과 휴식을 자연스럽게 스위칭함으로써 보다 능률적이고 창조적으로 생활할 수 있도록 하기 위한 배려다. 직원들을 믿고 그들의 일탈을 허용하는 기업은 따로 창의적인 조직문화를 부르짖지 않아도 저절로 몰랑몰랑해진다. 어떤 기업은 아예 직원들을 밖에서 지내게 하기도 한다.

일본의 대표적 식품회사인 아지노모토에서는 일주일에 하루만 출근하면 나머지는 집이나 다른 곳에서 일할 수 있다. 부서나 업무의 구분 없이 3,500여 명의 직원 모두에게 해당된다. 이를 아예 의무화하여 지키지 않으면 벌칙을 부여한다. 재택근무를 전면적으로 실시하게 된 이유는 출산, 육아 등의 개인 사정으로 경력이 단절되는 것을 막고 생산성을 높이기 위해서라고 한다. 하지만 이와 같은 파격적인 정책을 실시하려면 직원들에 대한 믿음이 있어야 한다. 회사 밖에 있으면 일을 하는지 안 하는지 알 수 없고, 일탈 행위를 한다 해도 막을 방법이 없다. 믿음이 없이는 절대 실시할 수 없는 정책이다. 그것도 일부가 아니라 전체를 대상으로 말이다. 회사가 바보가 아니라면 어느 정도의 부작용은 예상했을 법하다. 하지만 그러한 부작용에 견줄 수 없는 더 큰 가치를 생각했던 것이다. 바로 몰랑몰랑이다. 경력의 단절을 막는 것은 물론 상사의 눈치를 보지 않고 자신의 스타일에 맞게 스위칭하면서 몰랑몰랑을 키워나가면 직원과 회사 모두 더 큰 발전을 기대할 수 있기 때문이다.

베토벤의 창조적 습관

자연스럽고 적절한 스위칭에 도움이 되는 습관이 있다. 메모하는 습관이다. 일을 하고 있거나 쉬고 있을 때 순간순간 떠오르는 생각들을 그냥 흘려보내지 말고 메모해두면 몰두와 일탈의 전환이 보다 용이해지고 밸런스를 유지할 수 있다. 베토벤은 산책을 하면서 늘 노트를 들고 다녔다고 한다. 작곡을 하느라 무거워진 머리를 가볍게 하는 시간에 자신도 모르게 갑자기 악상이 떠오르면 바로 적어놓기 위해서다. 메모가 작곡과 산책의 스위칭을 효과적으로 도와준 사례라고 할 수 있다. 또한 메모는 시간이 갈수록 쌓여 그 무엇과도 바꿀 수 없는 소중한 나만의 아이디어 창고가 된다.

메모의 내용은 어떤 것이라도 좋다. 중요한 것과 하찮은 것을 구분할 필요가 없다. 그때그때 생각나거나 영감을 주는 것들을 기록하면 된다. 단, 거르는 과정을 거치는 것이 좋다. 한 번 더 생각해보는 것이다. 보거나 들은 것, 떠오르는 것을 그냥 적기만 하지 말고 자신의 생각을 덧붙여 정리하면 메모가 더 큰 가치를 발휘할 수 있다. 메모의

횟수가 늘어나 습관이 되면 우리는 전보다 몰랑몰랑해진 자신을 발견할 수 있다. 나의 경우에는 샤워를 할 때 아이디어가 잘 떠오르는 편이라서 화장실 가까운 곳에 필기구를 놓아두었다. 물론 집 안 다른 곳에도 메모를 위한 준비가 되어 있다. 생각이 나면 언제든 기록해놓기 위해서다. 내가 '아이디어닥터'로 활동할 수 있는 바탕이 여기에 있다. 다양한 책을 읽고 세계 곳곳을 여행하지만 메모가 아니었다면 아이디어를 보존하지 못했을 것이고, 코칭과 컨설팅도 불가능했을 것이다.

일요일이 싫다고 말하는 사람이 의외로 많다. 특히 일요일 오후가 되면 월요일 출근 생각 때문에 마음이 무거워지고 우울해지기까지 한다고 말한다. 아직 오지도 않은 시간을 앞당겨 살면서 불행을 자초하는 격이다. 이와 같은 모습은 스위칭의 오작동 탓이다. 일을 놓고 쉴 때는 머리와 몸을 비우고 가볍게 하는 시간으로 만들어야 한다. 해야만 하는 일들은 잊고 최대한 편하고 즐겁게 보내야 한다. 호기심을 따라가거나 관심 있는 분야를 살피는 것도 좋다. 진정한 휴식이란 그런 것이다. 그래야만 다음 날 회사에 나가서 업무 모드로 자연스럽게 스위칭할 수 있다.

우리는 스위칭을 통해 얼마든지 몰랑몰랑해질 수 있다. 주어진 일이나 짜인 일정에서 벗어나 스스로 즐기거나 환기하고 싶은 것을 시작해보기 바란다. 아주 작은 것이라도 괜찮다. 이러한 전환을 지속하면서 방법을 조금씩 달리하다 보면 잠들어 있던 창의성이 살아나 막혔던 사고가 뚫리고 보이지 않던 것이 보이게 된다.

풀리지 않는 매듭이 있는가? 아무리 궁리해도 해답을 찾지 못하겠는가? 그렇다면 현재의 스위치를 끄고 다른 스위치를 켜보기를 권한다. '시작은 미약하지만 끝은 창대하리라'라는 말의 의미를 깨닫게 될 것이다.

몰랑몰랑한 사람은 하루하루가 다르다!

어느 날 눈을 떠보니 세상이 달라져 있었다. 분명 어제도 여느 때와 다름없는 하루를 보냈고, 오늘도 그렇게 시작하리라 생각했는데 말이다. 왠지 모르게 마음이 들뜨고 머리가 가벼워지는 느낌이 들었다. 어떤 일이 주어지든 거뜬히 해낼 수 있을 것 같은 자신감과 의욕이 생겼다. 도대체 무엇이 달라진 것일까? 내가 몰랑몰랑해진 것이다.

무엇이든 갑자기 이루어지는 일은 없다. 시간이 흘러 경험이 쌓이고, 스스로 얻은 정보와 지식이 융합되어 자신만의 무기가 만들어진다. 하루아침에 몰랑몰랑해지기란 어렵다는 말이다. 그럼에도 불구하고 많은 사람이 강연을 듣거나 책을 조금 읽고 나서 자신이 얼마나 몰랑몰랑해졌는지를 궁금해하고, 특별한 아이디어를 떠올릴 수 있는지 확인하려 든다. 하지만 몰랑몰랑과는 어울리지 않는 모습이다.

나는 이 책에서 지금까지 내가 몰랑몰랑해지기 위해 노력했던 과정과 다양한 사례들을 통해 몰랑몰랑의 실체를 전달하고자 했다. 그렇다면 독자는 이 책을 읽고 나서 무엇을 어떻게 해야 할까?

몰랑몰랑해지기 위한 준비를 하면 된다. 이 책을 읽으며 공감한 부분이 있었겠지만, 잘 와닿지 않는 부분도 있었을 것이다. 하지만 걱정하지 않아도 된다. 그러한 과정에서 자연스럽게 몰랑몰랑해지는 것이니 말이다. 책에 소개된 다양한 노하우와 사례 속에 등장하는 몰랑몰랑의 의미를 되짚어보며 자신의 생활에서 조금씩 활용해보기 바란다. 나는 지금도 스스로 몰랑몰랑해지기 위해 노력하고 또 노력한다. 몰랑몰랑하게 해주는 기법들을 활용하여 매일매일 몰랑몰랑한 나로 만들어가고 있다.

나는 최근에 '강연여행가'라는 이름으로 새로운 일을 시작했다. 여행을 좋아하기도 하고, 오랜 기간 아이디어 탐방으로 새로운 아이디어와 이야깃거리를 찾아다녔는데, 이를 다르게 조합해서 전에 없던 일을 만들어낸 것이다. 아직 시작 단계인데도 불구하고 벌써 강연여행가로 행사를 진행하고, 여행에 대한 멘토링을 실시하기도 했다. 여행을 단순히 즐기는 것만으로 생각하거나 상업적으로만 접근했다면 가능하지 않았을 것이다. 아마도 기존의 일을 거드는 역할에 그쳤을 것이다.

몰랑몰랑은 새로운 무언가를 솟아나게 하는 아이디어의 샘물과도 같다. 그 물을 마시면 어느 날 내가 그랬던 것처럼 전혀 다른 세상을 볼 수 있게 될 것이다. 어제와 다른 오늘, 오늘과 다른 내일은 얼마든지 가능한 일이다. 몰랑몰랑을 잃지 않는다면 말이다.

나를 몰랑몰랑하게 만들어준 책들

〈걷기, 두발로 사유하는 철학〉, 프레데 리크 고로, 책세상, 2014

〈격언의 탄생〉, 차동엽, 여백, 2015

〈그림자여행〉, 정여울, 추수밭, 2015

〈그림형제의 길〉, Grimm, 바다출판사, 2015

〈기획은 2형식이다〉, 남충식, 휴먼큐브, 2014

〈끌림〉, 이병률, 달, 2010

〈나는 결코 세상에 순종할 수 없다〉, 이외수, 해냄, 2015

〈나를 살린 문장들〉, 천양희, 모루와정, 2015

〈내 머리 사용법〉, 정철, 허밍버드, 2015

〈달의 뒷면을 보다〉, 고두현, 민음사, 2015

〈당신의 여행에게 묻습니다〉, 정지우, 우연의바다, 2015

〈디자인이 디자인을 낳는다〉, 부르노 무나리, 두성북스, 2007

〈뚝〉, 이외수; 하창수, 김영사 , 2014

〈뜨끔뜨끔 광고회사인 메모장〉, 노수봉, 북클라우드, 2015

〈바람이 분다 당신이 좋다〉, 이병률, 달, 2012

〈보다〉, 김영하, 문학동네, 2014

〈비밀의 인생〉, 프랭크 워렌, 리더스북, 2010

〈비주얼 컬처〉, 존 워커, 루비박스, 2004

〈상상, 그 찰나를 그리다〉, 김은혜, 길벗, 2015

〈상상력에 엔진을 달아라〉, 임헌우, 나남출판, 2007

〈상상망치〉 강우현, 나미북스, 2009

〈새는 날아가면서 되돌아보지 않는다〉, 류시화, 더숲, 2017

〈생각3.0〉, 노경원, 엘도라도, 2010

〈생각의 축지법〉, 송기복, 디자인하우스, 2003

〈생각지도 못한 생각지도〉, 유영만, 위너스북, 2011

〈서울시〉, 하상욱, 중앙북스, 2013

〈세상은 나를 꺾을 수 없다〉, 고태용

〈세상은 문밖에 있다〉, 이장우 · 이지용, 올림, 2015

〈세상을 바꾼 문자, 알파벳〉, 존맨, 예지, 2003

〈세상을 여행하는 방랑자를 위한 안내서〉, 김현철, 땡스북스 스튜디오, 2015

〈센스의 재발견〉, 미즈노 마나부, haru, 2015

〈시로 납치하다〉, 류시화, 더숲, 2018

〈시를 읽는 오후〉, 최영미, 해냄, 2017

〈에디톨로지〉, 김정운, 21세기북스, 2014

〈여행자의 책〉, 폴 서루, 책읽는수요일, 2015

〈열정에 기름 붓기〉, 이재선 외, 천년의 상상, 2015

〈오타쿠〉, 이진천, 다씨에스, 2010

〈이상한 사이트〉, 라야, 유어마인드, 2014

〈일러스트레이션 스쿨〉, 아키야마 타카시, 디자인하우스, 2010

〈일러스트레이터의 물건〉, 오연경, 미메시스, 2014

〈잠자는 아이디어 깨우기〉, 잭포스터, 해냄, 1999

〈직업으로서의 소설가〉, 무라카미 하루키, 현대문학, 2016

〈짧은 글 긴 침묵〉, 미셸 투르니에, 현대문학, 2004

〈짧은 이야기, 긴 생각〉이어령, 시공미디어, 2014

〈창작면허 프로젝트〉, 김영수, 세미콜론, 2009

〈책인시공〉, 정수복, 문학동네, 2013

〈청년장사꾼〉, 김윤규, 다산북스, 2014

〈파리를 떠난 마카롱〉, 기욤 에르네, 리더스북, 2009

〈필통〉, 김이율, 대교북스, 2012

〈하는책〉, 앨리슨 아덴, 책읽는수요일, 2014

〈하늘 호수로 떠난 여행, 개정판〉, 류시화, 열림원, 2015

〈1cm art〉, 김은주, 허밍버드, 2015

〈12 rules of creativity〉, Michael Atavar, Kiosk, 2011

〈A little book of language〉, David C. , Yale, 2010

〈All Marketers are liars〉, Seth Godin, Portfolio, 2012

〈Big Magic〉, Elizabeth Gibert, Rivenhead books, 2015

〈Come diventare un esploratore del mondo〉, Keri Smith, Corraini, 2011

〈design thinking for strategic innovation〉, Idris M, Wiley, 2013

〈Design your self〉, Karim Rashid, Kegan Books, 2006

〈Do one thing every day that inspires you〉, Potter Style, 2015

〈Fantasia〉, Bruno Muari, Laterza, 1998

〈Get sh*t done〉, StartupVitamins, Penguin, 2014

〈It's not what you say, it's the way you say it!〉, Michael Parker,

Vermilion, 2014

〈La passion creative〉, Bernard Arnault, Plon, 2000

〈meaningful〉, Bernadette J. , Perspective P. , 2015

〈Poke the box〉, Seth Godin, Portfolio, 2015

〈Start where you are〉, Meena L.P. , Perigee, 2016

〈The Art of Creative Thinking〉, Rod Jukins, Sceptre, 2015

〈The Crossroads of should and must find and follow you passion〉,

Elle Luna, Workman Publishing, 2015

〈The Wander Society〉, Keri Smith, Particular Books, 2016

〈The World's First Inventionland〉, Inventionland, 2009

〈Think like an Artist〉, Will Gompertz, Penguin, 2015

〈This book loves you〉, PewDiePie, Razorbill, 2015

〈You are doing a freaking great job〉, Workman P, 2015

〈Your idea starts here〉, Carolyn Eckert, Storey, 2016